Cahier de travail et de laboratoire
pour accompagner

En Bonne Forme

Sixth Edition

Simone Renaud Dietiker

formerly of San José State University

Dominique Van Hooff

San José State University

Houghton Mifflin Company   Boston   New York

Development Editor: Cécile Strugnell
Senior Manufacturing Coordinator: Lisa Merrill
Marketing Manager: Elaine Uzan Leary

Printed in the U.S.A.

ISBN: 0-669-41626-6

1 2 3 4 5 6 7 8 9 - VG - 00 99 98 97 96

Table des matières

Table des matières

To the Student

This workbook and lab manual reinforces and expands upon the knowledge you have acquired in each chapter of *En Bonne Forme;* it also reviews the rules of French pronunciation that you learned during your first-year course. It will help you to become more fluent and more confident by providing opportunities for hearing, speaking, and writing the French language. Be sure to complete the chapter in *En Bonne Forme* before you start work on the corresponding chapter in the *Cahier.*

Oral Drills

The first part in each of these chapters — *Première partie* — is strictly oral and is done in the lab without the *Cahier.* It is designed to help you achieve automatic control of your new language so that speaking will become effortless — and pleasurable. The first two sections consist of factual questions and true-false statements that are based on the reading selections in *En Bonne Forme.* Reread the *Texte* and be very sure of its contents and vocabulary before you go to the lab. Your success in answering the questions and completing the true-false exercises will depend upon how well you know the *Texte.* Both sections test your comprehension of the reading selection as well as your ability to understand French spoken at normal speed.

Pattern drills — *Transformations* — are the other activity in the *Première partie.* The *Transformations* provide oral practice of certain important grammatical points that have been presented in *En Bonne Forme;* these exercises test, for example, your ability to respond quickly, transforming verbs from the present into the *passé composé* or changing noun objects to pronoun objects.

Oral-Written Exercises

The second part in each chapter — *Deuxième partie* — is done with cassettes and the *Cahier.* The main purpose of the *Deuxième partie* is to increase your ability to identify and master sounds. The various drills* in the *Prononciation* section will help you to pronounce correctly what you see and to spell correctly what you have learned to pronounce. Before you go to the lab, read and understand the rules which appear above each group of words. These rules are not repeated verbatim on the tape; only a short summary is given before the words are pronounced.

The sound discrimination drill — *Dictée de sons* — requires you to circle one of three words upon an oral cue from the tape. This exercise reviews and contrasts some of the sounds you have just practiced in the *Prononciation.*

Either a poem or a *dictée* comes next. You may wish to learn the vocabulary of the poems before listening to them so that you will understand each sentence as you repeat it after the speaker. The *Dictée* will enable you to see how well you have assimilated the material in all language areas — word recognition, agreements, and spelling. A comprehension exercise completes the *Deuxième partie.* You will hear a dialogue or a short story read twice. At this point you are asked to stop the tape and to answer the questions written in your *Cahier.* After you are finished, you start the tape again and listen to the correct answers. (More than one answer may be correct. Consult your instructor if you are in doubt.)

* Parts of the phonetics lessons have been borrowed from the *Manuel de prononciation* by Simone Renaud Dietiker and Hervé Le Mansec. (1972).

Written Exercises

The third part in each chapter — *Troisième partie* — is comprised of written exercises; some of them are similar to the ones in *En Bonne Forme*, but many are quite different. All review or recombine in new ways certain grammatical points and vocabulary that you have studied in class. When completing the fill-in exercises which appear in a story or dialogue, try to think in French.

At the end of each chapter is an illustration, followed by suggested vocabulary. Each illustration depicts a situation that is related to the *Texte* in the corresponding chapter. You will be asked to write a short theme about this situation. Be sure to study both the illustration and the vocabulary before you begin to write. You may want to use more than one of the suggested words in the same sentence; you may want to repeat the suggested words in more than one sentence — try to use *all* of them. You will of course need to supply additional words in order to create interesting compositions. Vary your sentences, use dialogue with narrative — above all, use your imagination!

Before you begin using this workbook, look carefully at the *Alphabet phonétique* listed on page vii. It will help you identify the sounds used in the pronunciation exercises.

If you wish to find out where you stand, at the beginning of this program, do the test on page 1. The Answer Key is provided on page 196.

You will also find, from page 197 to page 219, an Answer Key containing the texts of the *dictées* and the answers to the mechanical exercises of the *Troisième partie*. But please, "Ne trichez pas!" Do the exercises first, then check your answers!

Alors, au travail maintenant! Bon courage!

Alphabet phonétique

voyelles

[i] il, livre, stylo
[e] bébé, aller, papier, les, allez
[ɛ] fenêtre, père, lait, hôtel
[a] madame, patte
[ɑ] pâte, classe
[ɔ] porte, homme, donne
[o] pot, eau, pauvre
[u] ou, vous
[y] du, tu, une
[ø] deux, monsieur
[œ] professeur, fleur
[ə] le, de, monsieur
[ɛ̃] vin, main, bien
[ɑ̃] France, content
[õ] mon, non, oncle
[œ̃] un, lundi

semivoyelles

[j] papier, crayon, fille
[w] oui, soir
[ɥ] huit, nuit

consonnes

[p] porte, soupe
[t] table, thé
[k] comment, quatre, coin
[b] bonjour, bonne
[d] du, de
[g] garçon, bague
[f] femme, photo
[s] sa, classe, ça, nation, ce
[ʃ] chambre, chez
[v] voir, venir, wagon
[z] zéro, chaise, deuxième
[ʒ] Georges, gym, jeune
[l] la, aller, livre
[ʀ] rouler, roue, vivre
[m] manger, maman
[n] nous, tonne
[ɲ] magnifique, vigne
[ŋ] camping

Activités

Nom: Alvina Date: Sept. 8 '00

Test

A. Write the appropriate definite article **(le, la, l')** before each noun.

1. la conversation
2. l' université (f)
3. la liberté
4. l' oiseau (m)
5. le gouvernement
6. l' addition (f)

B. Write the appropriate indefinite article **(un, une, des)** before each noun.

1. une position
2. un événement
3. des opérations (f)
4. des noms (m)
5. un château
6. une conjonction

C. Insert the adjective in parentheses in the appropriate place in these sentences. Be careful of agreement.

1. (*important*) C'est une difficulté. C'est une difficulté importante.
2. (*bon*) Voilà un professeur. Voilà un bon professeur.
3. (*élégant*) Vous avez une robe. Vous avez une robe élégante.
4. (*intelligent*) Ils ont des filles. Ils ont des filles intelligentes.

D. Insert the correct possessive adjective into each sentence.

1. (*my*) C'est le livre. C'est mon livre.
2. (*your:* polite form) Voilà l'autobus. Voilà votre autobus.
3. (*her*) C'est le professeur. C'est son professeur.
4. (*his*) La mère est malade. Sa mère est malade.
5. (*their*) Ils ont des habitudes. Ils ont leurs habitudes.
6. (*our*) Nous avons le livre. Nous avons notre livre.

E. Repeat the following sentences, replacing the noun in italics with a personal pronoun.

1. *Les étudiants* sont intelligents. Elles sont intelligentes.
2. *Ma mère et moi* allons en ville. Nous allons en ville
3. *Georges et toi* êtes fiancés? Vous êtes fiancés?
4. Je regarde *la télé.* Je le regarde.
5. J'aime *la musique de jazz.* Je l'aime.
6. Je parle *à Pauline*? Je lui parle.
7. Tu écris *à tes parents*? Tu leur écris.
8. Elle se promène avec *sa sœur.* Elle se promène avec ~~elle~~ lui

F. Supply the appropriate relative pronoun (**qui** or **que**) in the following sentences.

1. J'ai un chien qui s'appelle Daniel.
2. Nous aimons ce chien que nous avons trouvé.
3. Je déteste les personnes qui fument au restaurant.
4. Le restaurant que je préfère n'est pas le plus cher.

G. Write the correct form of these verbs in the present tense.

1. **(être)** Nous sommes dans la classe.
   Tu es fatigué?
   Ils sont malades.
2. **(avoir)** Elle a une auto rouge.
   J'ai le temps.
   Vous avez vos papiers.
3. **(aller)** Je vais en ville.
   Il va à l'université.
   Vous allez en France.
4. **(parler)** Tu parles français.
   Elle parle italien.
   Nous parlons russe.
   Ils parlent japonais.

H. Repeat the following sentence in the negative.

Les étudiants sont dans la classe.
Les étudiants ne sont pas dans la classe.

I. **Transform the following statement into a question in two different ways.**

Cette leçon est difficile.

Est-ce-que cette leçon est difficile?

Cette leçon est-elle difficile?

J. **Identify each of the italic words in the following sentences by circling one of the grammatical terms in the right column.**

1.	*Allons* au cinéma ce soir.	**Impératif**	Indicatif	Verbe pronominal
2.	Il veut que *j'aille* à son mariage.	Indicatif	**Subjonctif**	Conditionnel
3.	Nous *la* comprenons.	Article	**Pronom personnel**	Pronom démonstratif
4.	Je dîne *avant* le spectacle.	Conjonction	Adverbe	**Préposition**
X 5.	*Qui* vous a dit cela?	**Pronom interrogatif**	Pronom relatif	Pronom indéfini
6.	*Mon* mari aime le champagne.	Article	**Adjectif possessif**	Adjectif démonstratif

The Answer Key for this test appears on p. 196.

pronom interrogatif - interrogation posée directement à l'interlocuter sans l'intermédiaire d'un verbe
ex: Qui est venu?

pronom relatif - se dit des mots (les pronms: qui, que, quoi, lequel, dont, (l'adj, lequel) l'adv où) qui servant à établir une relation entre un nom/pronom qu'ils représentent et une proposition, dite.

Nom: ____________________ Date: ____________________

Chapitre 1

Le présent et l'impératif

Première partie: exercices oraux

Faites ces exercices au laboratoire, sans cahier. Ecoutez le speaker, répondez aux questions, faites les transformations.

Deuxième partie: exercices oraux / écrits

Faites le travail de cette partie au laboratoire, avec votre cahier.

I. Prononciation.

1. Révision du /R/. Essayez de prononcer un **h** très fort, en laissant le dos de la langue frotter contre le palais.[1] La pointe de la langue reste derrière les dents du bas.
   Répétez chaque mot après le speaker.

   merci marque
   cirque Franck
   turc Laurent
   porte quartier

2. Le /R/final. Le son /R/ final est très faible. Souvent on peut le laisser tomber.

   bonjour ascenseur
   mur trottoir
   tour affaire
   soir voleur

3. Les orthographes **-ille, il.** Remarquez la prononciation différente de ces groupes dans les mots suivants.

-ille /ij/:	fille	vanille	famille
-ille /il/:	mille	ville	tranquille
-euille, -euil/œj/:	feuille	fauteuil	
-eille, -eil /ɛj/	corbeille	soleil	
-aille, -ail /aj/:	mitrailleuse	ail	
-il /i/:	fusil	persil	

[1] letting the back of the tongue rub against the palate

4. l'orthographe **-ion** /jõ/

   direction action

5. Mots difficiles.

   chariot métallique
   corbeille-filet
   un ananas
   cambrioleur
   meilleur
   bouteille de Pschitt-Orange
   yaourt
   les gars
   les rafales de mitrailleuse

II. L'intonation de la phrase impérative. Une phrase impérative suit le schéma suivant.

Prends →
du beurre →
à la crémerie. →

Répétez les phrases suivantes. Imitez le speaker.

1. Allez. Vas-y. Dépêche-toi.
2. Va chercher des yaourts.
3. Courons jusqu'au bout de la rue.
4. N'oubliez pas d'acheter du sucre.

III. Dictée de sons. Le speaker prononce un mot. Vous choisissez et vous encerclez *(circle)* le mot que vous entendez. Le speaker vous donne la réponse.

Modèle: (1) boule (2) balle (3) bol *balle* (2)

	(1)	(2)	(3)
1.	feuille	fille	faille
2.	longtemps	l'automne	l'auto
3.	le pain	la peine	la panne
4.	paye	paille	pays
5.	vieille	vielle	veille

IV. Dictée. Le speaker lit la dictée deux fois. La première fois, vous écoutez. La deuxième fois, écrivez!

V. **Compréhension. Au marché.** Ecoutez le texte, qui sera lu deux fois. Ensuite, arrêtez la machine, et écrivez les réponses aux questions ci-dessous. Puis, écoutez les réponses correctes.

1. Quel marché est-ce que Véronique et Anne-Marie préfèrent? ________
2. Quel jour vont-elles à ce marché? ________
3. Où sont les marchands? ________
4. Où est-ce qu'ils placent leurs produit? ________
5. Quelles choses délicieuses est-ce que Véronique et Anne-Marie achètent? ________
6. Est-ce qu'on trouve des vêtements dans ce marché? ________
7. Où est-ce que Véronique et Anne-Marie placent leurs provisions? ________
8. Pourquoi est-ce que Véronique n'est pas contente? ________

Troisième partie: exercices écrits

I. **Révision des verbes.** Donnez le présent des verbes suivants, à la personne indiquée.

1. je (s'en aller) ________
2. nous (voyager) ________
3. vous (croire) ________
4. ils (vivre) ________
5. tu (dormir) ________
6. vous (dire) ________
7. elle (ouvrir) ________
8. nous (commencer) ________
9. vous (faire) ________
10. elle (partir) ________
11. il (essayer) ________
12. vous (réussir) ________
13. nous (comprendre) ________
14. nous (répondre) ________
15. tu (suivre) ________
16. elles (mourir)
17. je (pouvoir) ________
18. il (vouloir) ________
19. elles (préférer) ________
20. vous (venir) ________

II. L'impératif. Mettez les verbes suivants à l'impératif positif ou négatif.

1. Boire (vous) ____________________ un verre!
2. Etre (nous) ____________________ amis!
3. Réfléchir (vous) ____________________ avant de parler!
4. Appeler (tu-négatif) ____________________ la police!
5. Jeter (vous-négatif) ____________________ les papiers par terre!
6. Sortir (nous) ____________________ ce soir!
7. Mettre (tu) ____________________ ton chapeau!
8. Rire (vous-négatif) ____________________ quand je parle!
9. Savoir (vous) ____________________ que je suis honnête!
10. Prendre (tu) ____________________ le train!

III. Un hold-up. Vous êtes dans une banque. Un gangster arrive pour voler la banque. Que faites-vous?

MODÈLE: s'évanouir (*to faint*) ***Je m'évanouis.***

1. tomber par terre ____________________
2. faire le mort (la morte) ____________________
3. courir dehors ____________________
4. appeler la police ____________________
5. attaquer le gangster avec votre parapluie ____________________
6. crier ____________________
7. pleurer ____________________
8. aller à la fenêtre ____________________
9. grimper sur une table ____________________
10. s'approcher du gangster ____________________
11. lui parler ____________________

IV. Chaque personne a sa spécialité. Dites au présent ce que font les personnes suivantes.

MODÈLE: Le professeur? (enseigner / expliquer les leçons / corriger les devoirs)
*Le professeur **enseigne**, **explique** les leçons, **corrige** les devoirs.*

1. La caissière? (compter / additionner / taper sur sa machine) ____________________
____
____
2. Le père de Laurent? (faire les commissions / laver la vaisselle / aller au supermarché / payer le jean) ____________________
____
____

3. Les gangsters? (avoir des mitraillettes / voler les banques / finir par aller en prison / s'ennuyer) ______________________________

____

____

4. Les gendarmes? (poursuivre les voleurs / protéger les gens / ne pas rire souvent) ______

____

____

5. Le chaffeur de l'autobus? (respecter le code de la route /conduire lentement / faire attention aux bicyclettes) ______________________________

____

____

6. Nous, les étudiants (arriver en classe à l'heure / être préparés pour le cours / prendre des notes / écrire des rédactions) ______________________________

____

____

V. Les commissions. Votre mère vous envoie faire les commissions. Qu'est-ce qu'elle vous dit?

Modèle: Elle vous dit de (prendre du beurre).
Prends du beurre!

1. rapporter des spaghettis ______________________________
2. choisir de la viande sous cellophane ______________________________
3. ne pas oublier le sucre ______________________________
4. acheter des yaourts ______________________________
5. emporter un filet ______________________________
6. se dépêcher ______________________________
7. ne pas traîner dans les allées ______________________________
8. ne pas courir ______________________________
9. vérifier les prix ______________________________
10. ne pas lire les journaux de mode ______________________________
11. rendre les bouteilles vides ______________________________

VI. Vocabulaire. Quel mot n'appartient pas à la série? Pourquoi?

1. gâteaux secs glace bonbon viande ______________________________

____

2. ananas céleri banane orange ______________________________

____

3. fromage yaourt patates beurre ______________________________

____

4. ascenseur allée rayon chariot métallique ______________________________

____

5. gendarme mitraillette caissière gangster ______________________________

____

VII. Traduction.

1. We take a cart; I climb on it. ______________________________

____

2. Hurry! Go get the yoghurts! ______________________________

____

3. It's not too tight? ______________________________

____

4. What is happening to you? ______________________________

____

5. She is in the process of trying on jeans. ______________________________

____

6. Crime does not pay. ______________________________

____

VIII. Au marché. Regardez le dessin suivant. Décrivez les actions, les pensées des personnes représentées. Imaginez leur conversation. Vous pouvez utiliser le vocabulaire suggéré.

faire les commissions • le rayon • chercher • pousser (*to push*) • grimper • le chariot métallique • être en train de • le filet • les bonbons • la poche • oublier • l'ananas • attraper • le gâteau sec • le porte-monnaie (*wallet*) • remplir (*to fill*) • trop plein (*too full*)

___

___

___

___

___

___

___

___

___

___

___

Nom: ______________________ Date: ______________________

Le passé composé

Première partie: exercices oraux

Faites ces exercices au laboratoire, sans cahier. Ecoutez le speaker, répondez aux questions, et faites les transformations.

Deuxième partie: exercices oraux / écrits

Faites le travail de cette partie au laboratoire, avec votre cahier.

I. Prononciation.

1. Le son /i/ est plus serré (*tighter*) en français qu'en anglais.

a mis	la pluie
parti	le fruit
s'est assis	

2. Le son /e/ est très proche du son /i/. Ce son est écrit en finale: **-é, -ée, -és, -ées, -ed, -er, -ez.**

café	regardez
pied	pleuré
parler	cendrier
fumée	marché

3. Le son /ɛ/ s'écrit **ai, ei, è, ê,** ou **e** avec une consonne prononcée.

lait	chaise
cuiller	lettre
cigarette	rivière
tête	ouverte
chaînes	se jette

4. Contrastez:

/i/	/e/	/ɛ/
fit	fée	faire
dit	dé	d'elle
pie	pé	peine
mi	mes	mère
ti	tes	terre
ni	né	naître
ri	ré	reine

5. Contrastez:

il a pleuré	il a plu
des chiens	des chaînes
la route	la rue
des ronds	des rangs
sous la table	sur la table
il se jette	il s'est jeté

II. Dictée de sons. Le speaker prononce un mot. Vous choisissez et vous encerclez (*circle*) le mot que vous entendez. Le speaker vous donne la réponse.

	(1)	(2)	(3)
1.	vu	vous	va
2.	pleut	plus	pluie
3.	chien	chienne	chaîne
4.	se laver	s'est levé	s'est lavé
5.	elle a eu	elle a un	et là-haut

III. Poème. Le speaker lit le poème. Ecoutez le poème, lu en entier, puis répétez après chaque pause.

Tristesse

J'ai perdu ma force et ma vie,
Et mes amis et ma gaieté;
J'ai perdu jusqu'à la fierté
Qui faisait croire à mon génie.

Quand j'ai connu la Vérité,
J'ai cru que c'etait une amie;
Quand je l'ai comprise et sentie,
J'en étais déjà dégoûté.

Et pourtant elle est éternelle,
Et ceux qui se sont passés d'elle
Ici-bas ont tout ignoré.

Dieu parle, il faut qu'on lui réponde.
Le seul bien qui me reste au monde
Est d'avoir quelquefois pleuré.

Alfred de Musset

la force strength **la vie** life **jusqu'à** everything including **la fierté** pride
faire croire to make others believe **la Vérité** Truth **en** by it **dégoûté** disgusted
pourtant yet **se passer de** to do without **Ici-bas** On this earth **quelquefois** sometimes

IV. Compréhension. Petit déjeuner au café. Ecoutez le récit-dialogue, qui sera lu deux fois. Ensuit, arrêtez la machine, et écrivez les réponses aux questions ci-dessous. Puis, écoutez les réponses correctes.

1. Qu'est-ce que Louise a pris? ____________________

2. Est-ce que Jean-Paul a mangé quelque chose? ____________________

3. Qui a bu du thé? ____________________

4. Qu'est-ce que Robert a choisi? ____________________

5. Est-ce que Robert a bu un café au lait? ____________________

Troisième partie: exercices écrits

I. Choix de l'auxiliaire. Mettez les phrases suivantes au passé composé.

1. Il boit tout le café. ____________________

2. Elle reste à la maison. ____________________

3. Ils veulent aller au marché aux oiseaux. ____________________

4. Tu vois les robes qu'elle achète? ____________________

5. Les invités se jettent sur la bouteille de champagne. ____________________

6. Ils ont un accident. ____________________

7. Vous promettez de venir la semaine prochaine? ____________________

8. Elle rougit quand vous lui parlez. ____________________

9. Le vieil homme allume sa pipe. ____________________

10. J'ouvre la porte. ____________________

II. L'accord du participe passé. Mettez les phrases suivantes au passé composé.

1. Marianne passe trois fois devant la pâtisserie. ______________________________
____
2. Les enfants ne rentrent pas. ______________________________
____
3. Elle sort avec Mathieu. ______________________________
____
4. Roméo et Juliette ne se marient pas. ______________________________
____
5. Est-ce qu'elles retournent en Chine? ______________________________
____
6. Nous descendons dans les Catacombes. ______________________________
____
7. La leçon? Je la comprends. ______________________________
____
8. Quelles fenêtres ouvrez-vous? ______________________________
____

III. Qu'ont fait ces personnes célèbres? Trouvez dans la colonne de droite les actions que les personnes célèbres de la colonne de gauche ont faites. Faites des phrases complètes.

1. Napoléon	a. tourner les premiers films.
2. Marie-Antoinette	b. inventer le vaccin contre la rage.
3. Pasteur	c. offrir la Statue de la Liberté au peuple américain.
4. Marie Curie	d. découvrir l'Amérique.
5. Les frères Lumière	e. mourir sur la guillotine.
6. Les Français	f. avoir beaucoup de popularité parmi ses troupes.
7. Le général Patton	g. être la première femme à recevoir le prix Nobel.
8. Christophe Colomb	h. finir sa vie emprisonné dans une île.

1. ______________________________
2. ______________________________
3. ______________________________
4. ______________________________
5. ______________________________

6. ____

7. ____

8. ____

IV. Des personnes organisées. Ecrivez les paragraphes suivants au passé composé pour raconter les préparatifs que ces personnes ont faits.

1. *Avant un voyage.*

   Sabine regarde des cartes. Elle choisit un pays. Elle va à une agence. Elle fait des réservations. Elle loue une chambre dans un hôtel. Elle prépare sa valise. Elle.dit au revoir à ses amis. Elle part enfin.

   ____

   ____

   ____

2. *Avant un examen.*

   Je révise soigneusement mes notes. J'étudie mes verbes français. Je me couche tôt. Je ne sors pas la veille. Je me réveille de bonne heure. J'ai une attitude positive.

   ____

   ____

   ____

3. *Un accident.*

   Vous voyez un accident. Vous vous arrêtez. Vous offrez votre aide. Vous téléphonez à la police. Vous demandez le numéro de l'assurance de la victime. Vous attendez l'arrivée de la police. Vous donnez votre nom comme témoin (*witness*).

   ____

   ____

   ____

4. *Retour de vacances.*

   Nous rentrons de vacances. Nous téléphonons à nos amis. Nous retrouvons la maison. Nous caressons le chat. Nous arrosons (*water*) les plantes. Nous regardons nos photos. Nous nous rappelons les bons moments de nos vacances.

   ____

   ____

   ____

V. Rien à manger. Ecrivez l'histoire suivante au passé composé.

Claire se prépare. Elle met son manteau et son chapeau. Elle va au marché aux poissons et elle achète du poisson. Puis elle passe à la crémerie et elle prend une bouteille de lait. Elle revient à la maison; dans l'entrée elle trouve une lettre et des fleurs envoyées par son ami. Elle pose le poisson et la bouteille de lait sur la table de la cuisine. Elle retourne dans l'entrée. Elle s'assied sur une chaise et elle lit la lettre. Elle admire les fleurs et les respire. Tout à coup elle entend le chat à la cuisine. Ele se lève précipitamment et court à la cuisine: elle voit le chat en train de manger le poisson; elle veut l'arrêter, mais elle renverse la bouteille de lait qui tombe et se casse sur le plancher. Claire n'a rien à manger pour midi. Elle relit la lettre de son ami et elle met les fleurs dans un vase. Le chat ronronne (*purrs*) et se lèche (*licks himself*).

VI. Combien de temps? Faites des questions avec **Combien de temps...** et des réponses à vos questions sur le modèle suivant (avec le passé composé).

MODÈLE: Robert et Patrick *ont joué* au tennis de 8h30 à 10h.
Combien de temps est-ce qu'ils ont joué?
Ils ont joué ***pendant*** *une heure et demie.*

1. Françoise et Marie-Claire *se sont promenées* à bicyclette de 2h à 5h.

2. Nous avons commencé à *regarder* le film à 8h. Nous avons éteint la télé à minuit.

3. Tu as commencé à *nager* à midi moins vingt. Tu es sorti de la piscine à midi dix.

4. Ils sont partis en voyage au début de février. Ils rentrent à la fin de mai. **(voyager)**

5. La guerre a commencé en 1939 et s'est terminée en 1945. **(durer)**

VII. Vocabulaire. Dans les phrases suivantes, mettez les mots qui conviennent dans l'espace vide. Choisissez des mots de cette liste.

le message	se jeter	le marché aux poissons
un imperméable	mordre	écrire
renverser	le marché aux fleurs	la chaîne
caressés	ouvrir	le chapeau
embrassés	la parole	pleurer
la cuiller	un esclave	lire

1. Je suis allé ______________________ et j'ai acheté des soles, du saumon, etc.
2. L'homme est sorti, sans un mot, sans une ______________________.
3. Tiens, il pleut: je vais prendre mon ______________________.
4. Ce pauvre chien est attaché par une lourde ______________________.
5. Dans le poème *Le Message*, l'homme a ______________________ la porte, est entré; il a ______________________ dans un fruit. Il a ______________________ la lettre.
6. Regarde ce que tu as fait: ta robe blanche est toute brune devant: oui, j'ai ______________________ mon café.
7. Pour se suicider, cette femme ______________________ du haut de la Tour Eiffel.
8. Il y a des chats qui n'aiment pas qu'on les touche; d'autres veulent toujours être ______________________.
9. J'ai une machine pour recevoir des ______________________ téléphoniques.
10. Il a tourné le café au lait avec ______________________.

VIII. Traduction.

1. He left without talking to me. ______________________
2. She spilled her coffee. ______________________
3. They just arrived. ______________________
4. I looked for you but I did not find you. ______________________
5. How long did you travel? ______________________

IX. Au marché en plein air. Regardez le dessin suivant. Décrivez les actions, les pensées des personnes représentées. Imaginez leur conversation. Vous pouvez utiliser le vocabulaire suggéré.

la corbeille (*basket*) • des chaussures • l'étiquette • la poche • la plante verte • aller à • neuf • arranger • moins cher • avoir l'air • se décider • essayer • l'oiseau • la cage • les graines (*seed*) • découragé (*discouraged*)

Nom: ______________________ Date: ______________________

Chapitre 3

L'imparfait

Première partie: exercices oraux

Faites ces exercices au laboratoire, sans cahier. Ecoutez le speaker, répondez aux questions, faites les transformations.

Deuxième partie: exercices oraux / écrits

Faites le travail de cette partie au laboratoire, avec votre cahier.

I. Prononciation.

1. Les nasales. Le son /ɑ̃/ est représenté par les orthographes suivantes.

a. **en:** je commençais

je descendais	ils pensaient
mes parents	le moment
on m'entendait	déclenchait
argent	heureusement

b. **em:** empire

remplies	j'emmène
temps	embêtant
remplacement	j'emporte

Attention: prononcez **en** /ɛ̃/ dans

bien	tiens
rien	examen
viens	chien

c. **an:** cantine

la France	maman
pourtant	blanc̸
venant	tant
maintenant	

d. **-aon:** L'orthographe **-aon** pour /ɑ̃/ est rare et n'existe que dans quelques mots.

paon (*peacock*) faon (*fawn*) taon (*horse fly*)

2. Contrastez:

/ɑ̃/	/a/
j'emmène	j'amène
Jean	Jeanne

3. Contrastez:

/ɑ̃/	/ɛn/
prend	prennent
gens	gêne

4. Mots difficiles.

un cas particulier	rigueur
bulletin scolaire	leçons particulières
impécunieuse	emprunt
une veilleuse	je me débrouillais
bibliothèque	tout mon soûl
je faisais	elle faisait

II. Dictée de sons. Le speaker prononce un mot. Vous choisissez et vous encerclez (*circle*) le mot que vous entendez. Le speaker vous donne la réponse.

	(1)	(2)	(3)
1.	j'emmène	j'amène	Jean mène
2.	pont	paon	pain
3.	gens	gêne	Jeanne
4.	blanc	blond	bleu
5.	teint	tant	ton

III. Dictée. Le speaker lit la dictée deux fois. La première fois, vous écoutez. La deuxième fois, écrivez!

____

____

____

____

____

____

____

____

____

____

____

IV. **Compréhension. Tremblement de terre** (*earthquake*). Avant de commencer, lisez le vocabulaire qui précède l'exercice. Ecoutez le texte, qui sera lu deux fois. Ensuite, arrêtez la machine, et écrivez les réponses aux questions ci-dessous. Puis, écoutez les réponses correctes.

une autoroute	freeway	**s'enfuir**	to run away
s'effondrer	to collapse	**la faille**	fault
les collines	hills	**déblayer**	to clear

1. Quel jour a eu lieu le tremblement de terre? ______________________________

____

2. Pourquoi est-ce que l'autoroute s'est effondrée? ______________________________

____

3. Pourquoi est-ce que beaucoup de maisons ont été détruites? ______________________________

____

4. Pourquoi est-ce que les habitants des collines de Santa Cruz ont dû quitter leur maison? _____

____

5. Où se sont installées beaucoup de familles sans logement? ______________________________

____

6. Où se trouvait beaucoup de monde, à l'heure du tremblement de terre? ______________________________

____

7. Pourquoi? ______________________________

____

8. Pourquoi est-ce que les animaux de compagnie se sont enfuis? ______________________________

____

Troisième partie: exercices écrits

I. **Formes de l'imparfait.** Donnez l'imparfait des verbes suivants.

1. j'appelle	__________	7. elle a	__________
2. elle avance	__________	8. elle choisit	__________
3. vous faites	__________	9. nous ne rions pas	__________
4. il pleut	__________	10. tu dors	__________
5. ils sont	__________	11. tu achètes	__________
6. je reste	__________	12. elle va	__________

II. **Une soirée en famille.*** Mettez les verbes du texte suivant à l'imparfait.

Mon père se lève à quatre heures du matin, hiver comme été... On lui apporte un peu de café; il travaille ensuite dans son cabinet[1] jusqu'à midi. Ma mère et ma sœur déjeunent chacune dans leur chambre à huit heures du matin. Je n'ai aucune heure fixe, ni pour me lever, ni pour déjeuner; je suis censé[2] étudier jusqu'à midi: la plupart du temps, je ne fais rien. A onze heures et demie, on sonne le dîner[3] que l'on[4] sert à midi. La grand'salle est à la fois salle à manger et salon: on dîne et l'on soupe à l'une de ses extrémités, du côté de l'est; après le repas, on vient se placer à l'autre extrémité, du côté de l'ouest, devant une énorme cheminée.

*René de Chateaubriand (1768-1848) est un des grands écrivains «romantiques». Dans cet extrait des *Mémoires d'Outre-Tombe*, il raconte son enfance, qu'il a passée avec ses parents et sa sœur Lucile à Combourg, en Bretagne, dans un château-fort triste et sombre que l'on peut encore visiter.

[1]**le cabinet** *here*, study [2]**censé** supposed [3]**sonner le dîner** to ring the bell for dinner [4]**l'on = on**

1. Mon père se lève ______________________________
2. On lui apporte ______________________________
3. Il travaille ensuite ______________________________
4. Ma mère et ma sœur déjeunent ______________________________
5. Je n'ai aucune heure fixe ______________________________
6. je suis censé étudier ______________________________
7. je ne fais rien ______________________________
8. on sonne le dîner ______________________________
9. que l'on sert ______________________________
10. La grand'salle est ______________________________
11. on dîne et l'on soupe ______________________________
12. on vient se placer ______________________________

III. **Un miracle.** L'année dernière, Martine était une adolescente à problèmes. Cette année, elle est devenue une jeune fille parfaite. Ecrivez, à l'imparfait et au présent, les changements qui se sont produits.

Modèle: L'année dernière, elle (se lever toujours en retard), cette année elle (se lever à l'heure).
L'année dernière elle ***se levait*** *toujours en retard, cette année elle* ***se lève à l'heure.***

1. L'année dernière elle (prendre rarement un bain), cette année elle (prendre un bain tous les jours). ______________________________

   ____

2. L'année dernière elle (manquer souvent l'école), cette année elle (ne manquer jamais l'école).

   ____

   ____

3. L'année dernière elle (dormir pendant les cours), cette année elle (ne pas dormir). __________

   ____

4. L'année dernière elle (tricher), cette année elle (ne pas tricher). ______________________

____

5. L'année dernière elle (aller au café après les cours et boire un whisky), cette année elle (aller au café et boire un jus d'orange). ______________________

____

6. L'année dernière elle (ne pas ranger sa chambre), cette année (sa chambre être toujours impeccable). ______________________

____

7. L'année dernière elle (sortir le soir en cachette), cette année elle (rester à la maison et étudier ses leçons). ______________________

____

8. L'année dernière elle (avoir vraiment des problèmes), cette année elle (être parfaite et faire la joie de ses parents). ______________________

____

IV. Victoires du féminisme. Décrivez les injustices qui existaient dans beaucoup de pays à l'imparfait, et ce qui se passe maintenant au présent.

Avant les campagnes de féminisme, les femmes (faire) ______________ tous les travaux ménagers: elles (laver) ______________ la vaisselle, (nettoyer) ______________ la maison, (ranger) ______________, (s'occuper) ______________ des enfants; elles (n'avoir) ______________ pas le droit de vote. Dans la plupart des entreprises, elles (recevoir) ______________ un salaire inférieur. Maintenant, les hommes (participer) ______________ aux travaux ménagers. Certains hommes (laver, nettoyer, ranger, s'occuper des enfants) ______________ ______________ ______________. Les femmes (avoir) ______________ le droit de vote; elles (recevoir) ______________ plus souvent un salaire égal.

V. Question de chance. M. Fauché était très pauvre. La semaine dernière, il a gagné à la loterie. Comparez sa vie avant (*imparfait*) et après ce coup de chance (*passé composé*).

	Avant	**Hier**
1.	M. Fauché (ne pas avoir) de voiture, il (aller à son travail) en métro.	Il (s'acheter) une Rolls. Il (engager) un chauffeur.

____

____

____

2.	Il (porter) des vêtements qu'il (acheter) au marché aux puces.	Il (aller) chez Yves Saint-Laurent et (commander) deux douzaines de costumes.
3.	Il (manger) très peu, ne (boire) pas de vin.	Il (faire) des commissions dans une épicerie de luxe et (remplir) trois chariots.
4.	Il (vivre) dans une petite chambre sous les toits.	Il (louer) un appartement de dix pièces.
5.	Il (ne pas sortir), (ne pas pouvoir) aller au cinéma.	Il (prendre) des billets pour tous les spectacles.
6.	Il (ne voyager) jamais.	Il (réserver) une cabine sur un bateau pour faire le tour du monde.
7.	Il (être) très seul, sans amis, sans famille.	Il (recevoir) des lettres de cousins, d'amis dont il ignorait l'existence.
8.	M. Fauché (ne pas avoir) beaucoup de joies dans la vie.	Est-ce qu'il (trouver) le bonheur?

VI. Vocabulaire. Dans les phrases suivantes, mettez les mots qui conviennent dans l'espace vide. Choisissez des mots de cette liste.

solide	gratuit	faire des remplacements
la pièce	le disque	l'éclairage
se coucher	la veilleuse	s'apercevoir
le bulletin scolaire	se débrouiller	le cours
particulier	la bibliothèque	faire partie
s'inscrire	faire un emprunt	parquet

1. En France, à l'université, on n'a pas besoin de payer. Les cours sont ______________________________.
2. Pour bien lire le soir, il faut avoir un bon ______________________________. Sinon, on a mal aux yeux.
3. Je vais ______________________________ sur les listes électorales pour voter.
4. Mon frère ______________________________ d'un orchestre d'amateurs; il joue du violon.
5. Pour les parents de Gisèle, l'avenir du frère était très important: ils ne ______________________________ pas des succès de leur fille.
6. Le bébé a peur de dormir dans une chambre obscure; on lui met une ______________________________.
7. Les parents reçoivent ______________________________ avec les notes de leurs enfants.
8. Mon cousin n'a pas encore de poste fixe: il ______________________________ chez un dentiste.
9. Pour payer leurs études, les étudiants doivent souvent ______________________________ à la banque ou à l'université.
10. Je ne peux pas acheter tous les livres que je veux lire. Je les prends à ______________________________.

VII. Traduction.

1. I had to wash dishes. ______________________________
2. Do you save money? ______________________________
3. She read in hiding. ______________________________
4. It must have been cold. ______________________________
5. She used to take a math class. ______________________________

VIII. Fait divers (*news item*). Reconstituez cette histoire. Ecrivez au moins dix phrases au passé composé ou à l'imparfait.

La vieille dame était aux mains de deux gangsters

Sauvée parce que sa voix tremblait au téléphone

LIMOGES
(Corresp. « F.-S. »)

UN coup de téléphone donné d'Avign[illegible] des parents [illegible]

regagne l'immeuble, ils la suivent et, sous la menace d'un revolver, pénètre[illegible] dans l'appartement et l[illegible] tent sur un canapé. [illegible] exig[illegible] rgent et [illegible]

seul • sonner à la porte • employés de la compagnie du gaz • sans méfiance (*suspicion*) • menacer (*to threaten*) • ligoter (*to tie up*) • fouiller (*to search*) • voler • exiger (*to demand*) • une amie • la voix • trembler • soupçonner (*to suspect*) • la police • arrêter (*to arrest*)

Nom: ______________________ Date: ______________________

Le plus-que-parfait

Première partie: exercices oraux

Faites ces exercices au laboratoire, sans cahier. Ecoutez le speaker, répondez aux questions, faites les transformations.

Deuxième partie: exercices oraux / écrits

Faites le travail de cette partie au laboratoire, avec votre cahier.

I. Prononciation.

1. Le son /œ/ s'écrit **eu** ou **œu**; il y a toujours une consonne prononcée après le son /œ/: **r, l, f,** etc.

œuf	sœur
bœuf	veuf
neuf	peur
seul	jeune

2. Le son /ø/. L'orthographe de ce son est aussi **eu** ou **œu**; le groupe est final, ou il y a une consonne écrite mais pas prononcée.

deux	vieux
peu	nœud (*knot*)
feu	œufs
bleu	bœufs

3. Les terminaisons **-euse** /øz/, et **-eute** /øt/, **-eutre** /øtʀ/.

heureuse	neutre
menteuse	feutre
rêveuse	meute

4. Contrastez:

/œ/	/ø/
peur	peu
bœuf	bœufs
œuf	œufs
seule	ceux

5. L'orthographe **ui** se prononce /ɥi/.

lui	fuite
bruit	s'ennuie
pluies	suit

6. Le **p** initial se prononce toujours.

psychose	psychiatre
pneu	psychologue
pseudo	pneumonie

7. Mots difficiles.

la fourrière	atelier
commissariat	biberon
chemin de fer	maladie de peau
Meursault	vieillesse

II. Dictée de sons. Le speaker prononce un mot. Vous choisissez et vous encerclez (*circle*) le mot que vous entendez. Le speaker vous donne la réponse.

	(1)	(2)	(3)
1.	bœuf	bœufs	bouffe
2.	nœud	neuf	nu
3.	pleure	pelure	pluie
4.	pille	pays	pied
5.	des	du	deux

III. Poème. Le speaker lit le poème. Ecoutez le poème, lu en entier, puis répétez après chaque pause.

Il pleure dans mon cœur
Comme il pleut sur la ville,
Quelle est cette langueur
Qui pénètre mon cœur?

O bruit doux de la pluie
Par terre et sur les toits!
Pour un cœur qui s'ennuie
O le bruit de la pluie!

de *Il pleure dans mon cœur*
Paul Verlaine

IV. Compréhension. Opération «Justice». Avant de commencer, lisez le vocabulaire qui précède l'exercice. Ecoutez le paragraphe de l'humoriste français Raymond Devos. Il sera lu deux fois. Ensuite, arrêtez la machine, et écrivez les réponses aux questions ci-dessous. Puis, écoutez les réponses correctes.

la pâtée petfood
la côtelette cutlet
faire rentrer to let back in
mettre dehors to throw out
celui du chat the cat's milk

1. Qu'est-ce que le chat avait fait? ______________________________
____
2. Comment est-ce que Raymond a puni le chat? ______________________________
____
3. Qu'est-ce que le chien avait fait? ______________________________
____
4. Comment est-ce que Raymond a puni le chien? ______________________________
____
5. Pourquoi est-ce que Raymond a mis sa femme dehors? ______________________________
____
6. Qu'est-ce que Raymond découvre enfin? ______________________________
____
7. Après toutes ces actions sévères, comment est-ce que Raymond a montré qu'il était juste?
____

Troisième partie: exercices écrits

I. Formes du plus-que-parfait. Ecrivez les phrases suivantes au plus-que-parfait.

1. Il a été écrasé. ______________________________
2. On lui répond. ______________________________
3. Il s'est habitué. ______________________________
4. Tu t'assieds. ______________________________
5. Nous nous sommes mariés tard. ______________________________
6. Tu as reconnu le chien? ______________________________
7. Ces choses arrivent. ______________________________
8. Il lit le journal. ______________________________
9. Elle se sent seule. ______________________________
10. Il faut chercher un autre chien. ______________________________

II. L'histoire du Tchèque. Dans les phrases suivantes, mettez les verbes en italique au plus-que-parfait. (Le texte que vous obtenez est un extrait de *L'Etranger*.*)

Un homme *part* (1.) d'un village tchèque pour faire fortune. Au bout de vingt-cinq ans, riche, il *revient* (2.) avec une femme et un enfant. Sa mère tenait un hôtel avec sa sœur dans son village natal.

1. ____________________ 2. ____________________

Pour les surprendre, il *laisse* (3.) sa femme et son enfant dans un autre établissement,[1] *va* (4.) chez sa mère qui ne le *reconnaît pas* (5.) quand il *entre*. (6.) Par plaisanterie[2] il *a* (7.) l'idée de prendre une chambre.

3. ____________________ 6. ____________________

4. ____________________ 7. ____________________

5. ____________________

Il *montre* (8.) son argent. Dans la nuit, sa mère et sa sœur *l'assassinent* (9.) à coups de marteau[3] pour le voler et *jettent* (10.) son corps dans la rivière.

8. ____________________ 10. ____________________

9. ____________________

Le matin, la femme *vient* (11.), *révèle* (12.) sans le savoir l'identité du voyageur. La mère *se pend*.[6] (13.) La sœur *se jette* (14.) dans un puits.[5]

11. ____________________ 13. ____________________

12. ____________________ 14. ____________________

*Albert Camus, *L'Etranger*, edited by Germaine Brée / Carlos Lynes, Jr., © 1955, pp. 65-66, 99. Reprinted by permission of Prentice-Hall, Inc., Englewood Cliffs, N.J.

[1]**un établissement = un hôtel** [2]**par plaisanterie** as a joke [3]**un marteau** hammer [4]**se pendre** to hang oneself [5]**le puits** well

III. Passé composé et imparfait ensemble. Dans les phrases suivantes, mettez un verbe au passé composé et l'autre à l'imparfait.

1. Il (acheter) ____________________ le dernier fromage qui (rester) ____________________ .
2. Quand nous (arriver) ____________________, elle (dormir) ____________________ .
3. Il (parler) ____________________ d'un chien qui (venir) ____________________ d'être écrasé.
4. Ils (se marier) ____________________ : ils (être) ____________________ fiancés depuis dix ans.
5. Je (ne pas comprendre) ____________________ ce qui (arriver) ____________________ .
6. J'(entendre) ____________________ dire qu'il (vivre) ____________________ dans une maison de retraite.

7. Il (remercier) ____________________ le jeune homme parce qu'il (montrer) ______________ ____________________ de la sympathie.
8. Nous t'(écouter) ____________________ parce que nous n'(avoir) ____________________ rien à faire.

IV. Passé composé et plus-que-parfait ensemble. Dans les phrases suivantes, mettez les verbes au passé composé et au plus-que-parfait.

MODÈLE: Il **perd** au bingo tout l'argent qu'il **a gagné**.
*Il **a perdu** au bingo tout l'argent qu'il **avait gagné**.*

1. Elle me rend les livres que je lui ai prêtés. ______________________________
____
2. C'est étrange, ils reçoivent en janvier une lettre que nous avons écrite en novembre. ________
____
3. Elle n'est pas contente parce que j'ai oublié notre rendez-vous. ______________________
____
4. Tu manques ton train parce que tu pars trop tard. ______________________________
____
5. Il achète un chien parce qu'il a perdu sa femme. ______________________________
____
6. Au commissariat, on lui dit qu'on n'a pas trouvé son portefeuille. ____________________
____
7. Il demande à l'employé ce qui est arrivé. ______________________________
____

V. Remède à tout. Faites des phrases sur le modèle suivant. Mettez le verbe de la phrase de la colonne A au passé composé, puis cherchez l'explication dans la colonne B. Mettez le verbe de la colonne B au plus-que-parfait.

MODÈLE: Elle (se faire mettre un dentier) [*denture*] perdre toutes ses dents
*Elle s'est fait mettre un dentier parce qu'elle **avait perdu** toutes ses dents.*

	A	B
1.	Je (se mettre au régime)	se casser la jambe
2.	Le chirurgien m'(opérer)	trop grossir
3.	On lui (faire des piqûres)	diagnostiquer une crise d'appendicite
4.	On me (mettre un plâtre [*cast*])	son estomac ne pas supporter les pilules
5.	Le docteur m'(ordonner) de prendre des vitamines	avoir plusieurs pneumonies l'année précédente
6.	Elle (aller) dans un sanatorium	souffrir trop souvent d'anémie

1. ______________________________

____

2. ______________________________

____

3. ______________________________

____

4. ______________________________

____

5. ______________________________

____

6. ______________________________

____

VI. **Respectez la propriété des autres!** Dans l'histoire suivante, mettez le verbe entre parenthèses au temps qui convient: imparfait, passé composé ou plus-que-parfait.

M. Vincent (avoir) ____________ une belle voiture neuve qu'il (prêter) ____________ quelquefois à sa fille Julia. Un jour Julia (avoir) ____________ un petit accident et la peinture de la portière (*car door*) droite (être) ____________ abîmée (*damaged*). Ce n'(être) ____________ pas très visible, mais enfin, la voiture n'(être) ____________ plus neuve. Julia ne rien (dire) ____________ et (rentrer) ____________ la voiture au garage. Le lendemain, M. Vincent (voir) ____________ la portière abîmée. Bien sûr il (réagir) ____________ violemment. Il (deviner) ____________ ce qui (arriver) ____________. Il (appeler) ____________ Julia et lui (demander) ____________ : «Qu'est-ce qui (arriver) ____________ à ma voiture? —Rien, papa. —Tu (avoir) ____________ un accident? —Moi? Non, papa, je suis en excellente santé. —Toi, oui, mais ma voiture? Je (remarquer) ____________ que la peinture de la portière droite (être) ____________ abîmée. —Je ne sais pas ce qui (arriver) ____________ papa. —Sans doute quelqu'un t'(accrocher) (*run into*) ____________ dans un parking.» M. Vincent (aller) ____________ alors dans la chambre de Julia, (arracher) ____________ les posters, (renverser) ____________ les livres, (jeter) ____________ les vêtements sur le tapis. Julia (entrer) ____________, (voir) ____________ le désastre et (s'exclamer) ____________ : «Papa, qu'est-ce que tu fais?» M. Vincent (dire) ____________ : «Moi? Rien. Il y (avoir) ____________ un tremblement de terre (*earthquake*) sans doute. Je suis aussi innocent que toi pour ma voiture.» Julia (comprendre) ____________ la leçon, (s'excuser) ____________ et (promettre) ____________ d'être plus honnête, à l'avenir.

VII. Imparfait ou passé composé? Mettez les verbes entre parenthèses au temps qui convient. (Attention! Il y a trois plus-que-parfaits.)

*La Fontaine et la pomme empoisonnée**

La Fontaine (avoir) ____________________ l'habitude de manger tous les jours une pomme cuite.[1] Un jour, pour la laisser refroidir,[2] il en (mettre) ____________________ une sur la tablette[3] de la cheminée et, en attendant,[4] il (aller) ____________________ chercher un livre dans sa bibliothèque. Un de ses amis (entrer) ____________________ alors dans la chambre, (apercevoir) ____________________ le fruit et le (manger) ____________________. En rentrant,[5] La Fontaine ne (voir) ____________________ plus la pomme et (deviner)[6] ____________________ ce qui (arriver) ____________________. Alors, il (s'écrier) ____________________ : —Ah! Mon Dieu! Qui (manger) ____________________ la pomme que je (mettre) ____________________ ici? —Ce n'est pas moi, (répondre) ____________________ l'autre. —Heureusement, mon ami. —Pourquoi? —Parce que je (mettre) ____________________ du poison dedans pour empoisonner les rats. —Du poison? (s'exclamer) ____________________ l'autre, je suis perdu! —N'aie pas peur, lui (dire) ____________________ La Fontaine en riant,[7] c'est une plaisanterie que je (faire) ____________________ pour savoir qui (manger) ____________________ ma pomme.

*Extrait de Robin et Bergeaud: *Le Français par la méthode directe, T. II,* reproduit avec la permission de la Librairie Hachette, éditeur.

[1]**une pomme cuite** baked apple [2]**refroidir** to cool [3]**la tablette** the mantel [4]**en attendant** while waiting [5]**En rentrant** Upon returning [6]**deviner** to guess [7]**en riant** while laughing

VIII. Vocabulaire. Dans les phrases suivantes, mettez les mots qui conviennent dans l'espace vide. Choisissez des mots de cette liste.

à la retraite	s'asseoir	les poils
le commissariat	les chemins de fer	se marier
la fourrure	la maladie	mauvais caractère
épouser	la vieillesse	l'ennui
faire du théâtre	les genoux	la pommade
le biberon	faire face	âgé

1. On m'a volé mon portefeuille. Je suis allé faire une déclaration au ____________________ ____________________.
2. Le fils de mes amis est fasciné par les trains. Il veut faire une carrière dans ____________________ ____________________.
3. Cette femme a travaillé toute sa vie; maintenant elle peut se reposer: elle est ____________________ ____________________
4. Son mari se met en colère facilement: il a ____________________.

5. Cette jeune fille a de grands talents d'actrice. Elle va probablement ______________________ ______________________.

6. Ma grand-mère reste assise dans son fauteuil, son chat sur les ______________________ ______________________.

7. Mon chien a eu une maladie de peau. On l'a guéri avec une ______________________ chinoise.

8. Souvent quand on a des animaux à la maison, on trouve des ______________________ sur le tapis.

9. Il n'y a pas de remède pour soigner ______________________.

10. Le jeune homme avait rencontré la jeune fille au bal et l' ______________________ un mois plus tard.

IX. Traduction.

1. I am hungry and thirsty. ______________________
2. He looked pleased. ______________________
3. I felt like acting. ______________________
4. I was not sleepy. ______________________
5. She is bored. ______________________
6. Are you annoyed? ______________________
7. The old man had just died. ______________________

X. Chez le vétérinaire. Regardez le dessin suivant. Décrivez les actions, les pensées des personnes et des animaux représentés. Imaginez la conversation. Vous pouvez utiliser le vocabulaire suggéré. Ecrivez huit à dix phrases.

avoir l'air • avoir mauvais caractère • tomber malade • la fourrure • se cacher • devoir • le poil • avoir peur • ne pas manger • une maladie de peau • la pommade • sois sage (*good*) • gronder (*to scold*) • les puces (*fleas*) • une piqûre contre la rage • le perroquet (*parrot*) • s'apercevoir • se gratter (*to scratch*) • se coucher • les genoux • le panier (*basket*) • guérir • se sentir

Nom: ______________________ Date: ______________________

Chapitre 5

Le passé simple

Première partie: exercices oraux

Faites ces exercices au laboratoire, sans cahier. Ecoutez le speaker, répondez aux questions, faites les transformations.

Deuxième partie: exercices oraux / écrits

Faites le travail de cette partie au laboratoire, avec votre cahier.

I. Prononciation.

1. Le son /u/. Le son /u/ est écrit **ou.** Il est semblable au son anglais écrit **oo,** mais plus bref, sans diphtongue.

   Comparez:

pool	poule
fool	foule
root	route
soup	soupe
troop	troupe

2. La lettre **g.**

   a. **g + i** ou **e** représente le son /ʒ/.

girafe	genre
général	Gigi

   b. **g + a, o** ou **u** représente le son /g/.

garde	gorge
garage	Gustave

   c. **g + e + a** ou **o** représente le son /ʒ/.

geai	voyageons
Georges	découragé

d. **g + u + i** ou **e** représente le son /g/.

guide	béguin
guerre	longueur

3. Les lettres **c** et **ç**.

a. **c + a, o, u** représente le son / k /.

car	comparez
calme	courage
accablé	curieux
comment	culotte

b. **c + e** ou **i** représente le son / s /.

certain	cirque
céramique	merci

c. On met une cédille au **c: ç** devant les lettres **a, o, u,** pour obtenir le son / s /.

ça	leçon
commençait	reçu
garçon	aperçu

4. Mots difficiles.

baignoire	eûmes
thermostat	eurent
instinct	wagon
stérilisateur	Françoise Mallet-Joris

II. Dictée de sons. Le speaker prononce un mot. Vous choisissez et vous encerclez le mot que vous entendez. Le speaker vous donne la réponse.

	(1)	(2)	(3)
1.	heure	eurent	arts
2.	neuf œufs	neuf ans	neuf heures
3.	geai	gai	guerre
4.	des arts	désert	dessert
5.	baigne	bagne	bain

III. Dictée. Le speaker lit la dictée deux fois. La première fois, vous écoutez. La deuxième fois, écrivez!

____

____

____

____

____

____

____

IV. Compréhension. Preuves d'amour.* Avant de commencer, étudiez le vocabulaire qui suit. Ecoutez l'histoire, qui sera lue deux fois. Ensuite, arrêtez la machine, et écrivez les réponses aux questions ci-dessous. Puis, écoutez les réponses correctes.

la montre en or gold watch
le fabricant de perruques wig maker
peignes en écaille tortoise-shell combs
inutilisables useless

1. Quelle était la richesse de Céline?
2. Quelle était la richesse de Roland?
3. Est-ce qu'ils avaient de l'argent pour s'acheter des cadeaux de Noël?
4. Qu'est-ce que Céline fit pour se procurer de l'argent?
5. Qu'est-ce qu'elle acheta pour son mari?
6. Qu'est-ce que Roland avait fait?
7. Pourquoi est-ce qu'il avait vendu sa montre?
8. Où est l'ironie dans cette histoire?

*Cette histoire est adaptée de l'histoire de l'écrivain américain O'Henry, *The Gift of the Magi*.

Troisième partie: exercices écrits

I. Formes du passé simple. Mettez les verbes suivants au passé simple.

MODÈLE: il a **chanté**
il ***chanta***

1. elle a été ____________________
2. elles disent ____________________
3. ils ont vu ____________________
4. ils mettent ____________________
5. il a couru ____________________
6. nous entrons ____________________
7. elle a pu ____________________
8. nous arrivons ____________________
9. elle vient ____________________
10. elle a eu ____________________

II. Suite de l'histoire. Imaginez une suite à la saga de Daniel avec les mots suivants au passé simple. Mettez les événements (*events*) dans l'ordre logique.

réussir à ses examens de sciences économiques
devenir le directeur général d'une grande compagnie
rencontrer une jeune fille belle et intelligente
avoir trois enfants
faire construire une maison, etc.
trouver un poste formidable
voyager aux Etats-Unis
se marier
lui et sa femme être heureux

____

____

____

____

____

____

____

____

____

____

____

III. Trouvez l'inventeur! Faites des questions au passé simple avec les groupes de la colonne de gauche. Trouvez la réponse dans la colonne de droite et faites une phrase complète au passé simple. Suivez le modèle.

MODÈLE: Qui... ?
trouver le vaccin contre la rage — Pasteur
Qui ***trouva*** *le vaccin contre la rage?* — *Pasteur trouva le vaccin.*

1. inventer l'imprimerie
2. concevoir le principe de la machine à coudre
3. avoir l'idée de la machine à écrire
4. fabriquer la première voiture à essence
5. utiliser le premier téléphone
6. être le premier fabricant de papier

a. Benz
b. les Chinois
c. Gutenberg
d. Edison
e. Singer
f. Remington

1. ______________________________
____
2. ______________________________
____
3. ______________________________
____
4. ______________________________
____
5. ______________________________
____
6. ______________________________
____

IV. Mettez les verbes suivants au passé composé.

Modèle: il **fut**
il a été

1. il revint ______________
2. elles passèrent ______________
3. elle sortit ______________
4. il emmena ______________
5. nous décidâmes ______________
6. ils mirent ______________
7. il plongea ______________
8. elle courut ______________
9. elles entendirent ______________
10. ils devinrent ______________

V. **Le passé simple, le passé composé et l'imparfait.** Mettez les verbes de l'histoire ci-dessous au temps qui convient: le passé simple pour le récit, le passé composé pour la conversation et l'imparfait pour les actions habituelles.

Le Poulet du Cardinal Dubois*

Le Cardinal Dubois (manger) ______________ habituellement une aile de poulet (*chicken wing*) tous les soirs. Un jour, à l'heure du dîner, un chien (emporter) ______________ le

*d'après Duclos

poulet. Ses domestiques (être) ____________________ très inquiets (*worried*), car le Cardinal (se mettre) ____________________ facilement en colère (*get mad*). Ils (mettre) ____________________ immédiatement un autre poulet à la broche. Le Cardinal (demander) ____________________ à l'instant son poulet; son maître d'hôtel lui (dire) ____________________: «Monseigneur, vous (souper) (*to have supper*) ____________________. —Je (souper) ____________________? dit le Cardinal. —Mais oui, Monseigneur. Il est vrai que vous (paraître)(*look*) ____________________ très occupé (*preoccupied*); vous ____________________ sans doute (oublier) (*forget*) ____________________. Mais si vous (vouloir [présent]) ____________________, on vous (servir [futur]) ____________________ un autre poulet.» A ce moment le médecin du Cardinal, qui lui (rendre) ____________________ visite tous les jours, (arriver) ____________________. Vite, les domestiques le (prévenir) (*warn*) ____________________ et le (prier) (*beg*) ____________________ de les aider (*help*). «Parbleu (*to be sure*), (dire) ____________________ le Cardinal, voici quelque chose d'étrange; mes domestiques me (dire [présent]) ____________________ que je (souper) ____________________. Je ne m'en (souvenir [présent]) (*remember*) ____________________ pas et de plus, je (se sentir [présent]) (*feel*) ____________________ plein d'appétit.» Le médecin l'(assurer) ____________________ que sans doute il (être) ____________________ fatigué (*tired*), mais qu'il (pouvoir) ____________________ manger de nouveau sans danger et que son appétit (être) ____________________ signe d'une bonne santé. On (apporter) ____________________ le poulet, le Cardinal le (dévorer) ____________________ et (être) ____________________ d'excellente humeur.

VI. **Vocabulaire.** Dans les phrases suivantes, mettez les mots qui conviennent dans l'espace vide. Choisissez des mots de cette liste.

en liberté	ressembler à	collectionner
une douche	allonger	tout habillé
à moitié	une baignoire	dépasser
le baccalauréat	perfectionné	le succès
le vestiaire	la poussière	éducatif
ramasser	un club	hurler

1. L'examen qu'on passe à la fin des études au lycée s'appelle ____________________.
2. Quand on va au théâtre ou au bal, on peut laisser son manteau au ____________________ ____________________.
3. Dans une salle de bain, il y a toujours ____________________.
4. Avec tes cheveux longs, tes bijoux, ton jean, tu ____________________ une hippie!
5. J'ai cinquante variétés de papillons (*butterflies*). —Ah! Vous ____________________ les papillons?

6. La mode est capricieuse: quelquefois les robes sont courtes, quelquefois elles ______________
______________________________.

7. Daniel n'a pas été complètement asphyxié par la poussière; il a été ______________________
____________________________ asphyxié seulement.

8. En Mauritanie, il y a beaucoup d'animaux sauvages ______________________________.

9. François a plongé son bébé ______________________________ dans la baignoire!

10. Cette façon d'élever un enfant n'est pas très ______________________________.

VII. Traduction.

1. Help yourself! ____
2. I don't know how to use it. ____
____
3. What is that used for? ____
4. When we travel, we hitchhike. ____
____
5. This baby eats by himself. ____
____
6. I like to read lying on my stomach. ____
____
7. Daniel knows how to sing. ____
8. They know Africa and India. ____
____

VIII. Vocabulaire. Quel mot n'appartient pas à la série? Encerclez le mot et dites pourquoi.

1. prendre une douche se laver les pieds se raser prendre un bain de soleil ______________
____
2. un berceau un wagon une poussette un biberon ______________________________
____
3. un magnétoscope un magnétophone un électrophone un baladeur ______________
____
4. un piano une guitare un saxophone un violon ______________________________
____
5. faire des sciences économiques faire du droit faire sa médecine faire de l'auto-stop
____

IX. Après-midi dans un square. Regardez le dessin suivant. Décrivez les actions, les pensées des personnes représentées. Imaginez leur conversation. Utilisez le vocabulaire suggéré. Ecrivez huit à dix phrases.

un joggeur • un baladeur • une poussette • une voiture d'enfants • nourrir • hurler • avoir faim • à plat ventre • des rollers • une planche à roulettes

Nom: ______________________ Date: ______________________

Le nom et l'adjectif

Première partie: exercices oraux

Faites ces exercices au laboratoire, sans cahier. Ecoutez le speaker, répondez aux questions, faites les transformations.

Deuxième partie: exercices oraux / écrits

Faites le travail de cette partie au laboratoire, avec votre cahier.

I. Prononciation.

1. La finale **-tion** se prononce /sjɔ̃/.

   diction   perception
   notion   émotion
   location   relation
   nation   alimentation

   Exception: **question** se prononce /kɛstjɔ̃/.

2. La finale **-sion** se prononce /zjɔ̃/ quand il y a une voyelle à la fin de la syllabe qui précède.

   décision   élision   érosion
   révision   précision
   provision   invasion

   Attention: On prononce /sjɔ̃/ dans les autres cas.

   passion   tension   inversion

3. La finale **-isme** se prononce /ism/ et pas /izəm/ comme en anglais.

   communisme   christianisme
   despotisme   catholicisme
   populisme   socialisme

4. Le son /o/. Ce son est proche de /u/. Les lèvres sont projetées. Ces orthographes se prononcent **o** fermé (*closed o*): **o~~s~~, -o~~t~~, eau, au, ose.**

stylo	beau
nos	rose
vos	château
pot	faux
philo-	pose
lot	gâteau
disco	chose
sot	

5. Le son /ɔ/. Ce son est proche du son /ɔ/ en anglais dans le mot *ought*. L'orthographe de ce son est **o** + une consonne prononcée, et **au** dans quelques mots.

porte	robe
morte	folle
forte	Laure
comme	Paul

6. Contrastez:

/o/	/ɔ/
saute	sotte
chaude	ode
le vôtre	votre
rauque	roc
haute	hotte
paume	pomme
Pauline	Paul

7. Contrastez:

/o/	/u/
beau	bout
faux	fou
saut	saoul
Paule	poule

8. Mots difficiles.

Gabrielle Roy	calotte	culotte
Montréal	atteignit	
le docteur Nault	Renault	
Rue Deschambault	broyer	
un haut comptoir	Samuel	

II. Dictée de sons. Le speaker prononce un mot. Vous choisissez et vous encerclez le mot que vous entendez. Le speaker vous donne la réponse.

	(1)	(2)	(3)
1.	feu	faux	fou
2.	sot	saute	sotte
3.	calotte	culotte	quelle hotte
4.	votre	vôtre	voûte
5.	sale	seule	celle

III. Poème. Le speaker lit le poème. Ecoutez le poème, lu en entier, puis répétez après chaque pause.

Les Hiboux

Ce sont les mères des hiboux
Qui désiraient chercher les poux
De leurs enfants, leurs petits choux,
En les tenant sur leurs genoux.
Leurs yeux d'or valent des bijoux.
Leur bec est dur comme des cailloux.
Ils sont doux comme des joujoux.
Mais aux hiboux point de genoux!
Votre histoire se passait où?
Chez les Zoulous? Les Andalous?
Ou dans la cabane bambou?
A Moscou, à Tombouctou?
En Anjou ou dans le Poitou?
Au Pérou ou chez les Mandchous?
Hou, Hou,
Pas du tout. C'était chez les fous.

Robert Desnos*

les hiboux owls **les petits choux** little darlings **les poux** lice **les genoux** knees (*lap*)
les bijoux jewels **les cailloux** stones **les joujoux** toys **les fous** mad people

* Extrait de Robert Desnos: *Chantefables et chantefleurs,* reproduit avec la permission de la Librairie Gründ.

IV. Compréhension. Histoire de fous. Ecoutez les définitions que vous donne le speaker. La réponse est un mot du vocabulaire du poème de Robert Desnos. Ecrivez ce mot ci-dessous. Le speaker vous donne la réponse correcte.

1. ______________________
2. ______________________
3. ______________________
4. ______________________
5. ______________________
6. ______________________
7. ______________________
8. ______________________

Troisième partie: exercices écrits

I. Masculin et féminin. Mettez les groupes de mots suivants au masculin.

MODÈLE: une **vieille** actrice
un vieil acteur

1. une directrice jalouse ______________________
2. une poule blanche ______________________
3. une chanteuse canadienne ______________________
4. une mauvaise épouse ______________________
5. une belle dame ______________________

6. une princesse distinguée ______
7. une amie favorite ______
8. une pianiste célèbre ______
9. une vache rousse ______
10. une nièce étrangère ______

II. Pluriel des noms et des adjectifs. Mettez les groupes de mots suivants au pluriel.

MODÈLE: un château **ancien**
des châteaux ***anciens***

1. l'œil brun ______
2. un rail bleu ______
3. un cheval fou ______
4. le nez droit ______
5. l'eau sale ______
6. la voix basse ______
7. un monsieur sérieux ______
8. le ciel gris ______
9. un caillou blanc ______
10. la première année ______

III. Genre et place des adjectifs. Employez les adjectifs entre parenthèses au genre et à la place qui conviennent.

1. Vous avez une bicyclette. (beau / neuf) ______
2. J'adore mon anorak. (nouveau / bleu) ______
3. Regardez la page. (premier / blanc) ______
4. Ils forment un ménage. (jeune / harmonieux) ______
5. Il y a une boulangerie. (bon / français) ______
6. Prends le dictionnaire. (gros / vert) ______
7. Ils ont fait une promenade. (long / reposant) ______
8. Tu mets tes chaussures. (vieux / noir) ______
9. Apporte des galettes. (petit / sec) ______
10. Elle adore la musique. (grand / italien) ______

IV. Genres et nombres. Dans chaque série il y a un mot qui ne suit pas la même règle de grammaire que les autres. Identifiez ce mot et dites pourquoi il est différent.

1. château bateau peau oiseau ______________________________

____

2. allée musée arrivée entrée ______________________________

____

3. travail corail chandail vitrail ______________________________

____

4. cheveu pneu jeu neveu ______________________________

____

5. général spécial final provincial ______________________________

____

6. grand joli petit bleu ______________________________

____

V. Vocabulaire. Dans les phrases suivantes, mettez les mots qui conviennent dans l'espace vide. Choisissez des mots de cette liste.

le mur	les directions	séché
l'ordonnance	effrayé	les herbes
la commande	frais	joyeux
le train	le cabinet de consultation	se peser
le tramway	les renseignements	la pastille
le bocal	intrigué	la pilule

1. A la pharmacie, il y a des rayons remplis de ______________________.
2. Chez le médecin, les malades attendent avant d'entrer dans le _____ ______________________.
3. Quand est-ce que le train part pour Winnipeg? —Allez demander au bureau de __________ ______________________.
4. A San Francisco, c'est amusant de se promener en autobus. —Moi, je préfère __________ ______________________.
5. Le pharmacien va exécuter mon ______________________.
6. J'ai acheté un vieux livre. Il y avait une fleur ______________________ dedans.
7. La petite fille est ______________________ par le comportement du médecin-pharmacien.
8. Plusieurs personnes ont indiqué aux deux femmes des ______________________ contraires pour aller de la gare à l'hôtel.
9. Ma sœur a peur de grossir. Elle ______________________ tous les jours.
10. Quand on a mal à la gorge (*throat*), on va à la pharmacie pour acheter des __________ ______________________.

VI. Traduction.

1. A former teacher. ______________________________
2. An ancient clock. ______________________________
3. Am I supposed to know you? ______________________________

   ____
4. We took a tour in the tower. ______________________________

   ____
5. He has a job in the post office. ______________________________

   ____

VII. A la pharmacie. Regardez le dessin suivant. Décrivez les actions, les pensées des personnes représentées. Imaginez leur conversation. Vous pouvez utiliser le vocabulaire suggéré.

le comptoir • le bout de papier • un bocal • séché • les lunettes • une ordonnance • exécuter une ordonnance • un rayon • à droite • à gauche • une cliente • faire signe • se soigner • mal à la tête • mal au dos • le parfum • le rouge (*lipstick*) • le mascara • s'appliquer • se laver les cheveux • prendre un bain chaud • la cloison • l'aspirine • la crème de beauté • être en bonne (mauvaise) santé • la grippe

Nom: ______________________ Date: ______________________

Chapitre 7

L'article

Première partie: exercices oraux

Faites ces exercices au laboratoire, sans cahier. Ecoutez le speaker, répondez aux questions, faites les transformations.

Deuxième partie: exercices oraux / écrits

Faites le travail de cette partie au laboratoire, avec votre cahier.

I. Prononciation.

1. L'article défini: **le, la, les.** Articulez distinctement:

le /lə/	la /la/	les /le/
le paquet	la table	les frères
le résultat	la terrine	les garçons
le champagne	la cuisine	les maisons
le fromage	la tarte	les poulets

2. L'article indéfini: **un, une. Un** se prononce comme /ø/ nasalisé. La prononciation de **un** dans la conversation rapide est très proche de la prononciation de **in** /ɛ̃/.

   Contrastez **un** /œ̃/ devant une consonne et /œ̃n/ devant une voyelle.

un /œ̃/	un /œ̃n/
un coup	un‿ananas
un poisson	un‿appétit
un poireau	un‿oignon
un docteur	un‿enfant
un bras	un‿œil

3. Contrastez:

un /œ̃/	une /yn/
un verre	une salade
un vin	une terrine
un fromage	une carafe
un glaçon	une chaussette

4. Contrastez:

du /dy/	des /de/
du pain	des pâtes
du vin	des pommes de terre
du lait	des tartes
du courage	des problèmes

5. La liaison. Le **-s** de **les** et de **des** est prononcé avec la première voyelle du mot qui suit.

les‿amis	les‿épicières
des‿intérieurs	des‿écoles

On ne fait pas la liaison avec un **h** aspiré. Comparez:

un‿homme	un / héros
des‿huiles	des / haricots
des‿habitudes	les / Halles

6. **-ss** = /s/ et **-s** = /z/. On dit /s/ quand il y a un double **s** entre deux voyelles. On dit /z/ quand il y a un **s** entre deux voyelles. Contrastez:

coussin	cousin
poisson	poison
dessert	désert
chausse	chose

Contrastez:

/s/	/z/
ils sont	ils‿ont
nous savons	nous‿avons
hélas	gaz
fi~~l~~s	transatlantique
un‿os	Berlioz

7. Mots difficiles.

un ananas	un tire-bouchon
un bac à glaçons	un ouvre-boîte
un décapsuleur	les victuailles
effectivement	incroyablement

II. **Dictée de sons.** Le speaker prononce un mot. Vous choisissez et vous encerclez le mot que vous entendez. Le speaker vous donne la réponse.

	(1)	(2)	(3)
1.	nous savons	nous avons	nos avions
2.	désert	dessert	des serres
3.	peine	pain	panne
4.	(je) sens	séance	(le) sens
5.	j'ose	chausse	chose

III. **Dictée.** Le speaker lit la dictée deux fois. La première fois, vous écoutez. La deuxième fois, écrivez!

____

____

____

____

____

____

____

____

____

____

____

____

____

____

____

IV. **Compréhension. Projets de vacances.** Ecoutez le dialogue qui sera lu deux fois. Ensuite, arrêtez la machine, et écrivez les réponses aux questions ci-dessous. Puis, écoutez les réponses correctes.

1. De quoi parlent ces deux personnes? ______________________________

   ____

2. Quelles vacances est-ce que la dame propose d'abord? ______________________________

   ____

3. Pourquoi est-ce que le mari refuse? ______________________________

   ____

4. Quels sont les inconvénients de la montagne? ______________________________

____

5. Qu'est-ce qui vous réveille le matin à la campagne? ______________________

____

6. Qu'est-ce que la dame propose enfin? ____________________________________

____

7. Pourquoi est-ce que le mari n'est pas d'accord? ___________________________

____

8. Quelle bonne idée a le mari et pourquoi? _________________________________

____

9. Imaginez la réponse de sa femme. _______________________________________

____

Troisième partie: exercices écrits

I. Choix de l'article. Complétez les phrases suivantes avec l'article ou les mots qui conviennent.

1. A Nice, il y a _______ marchés dans toute _______ ville: _______ marché _______ fleurs, _______ marché _______ poissons, _______ marché _______ légumes. 2. Il y a _______ marché, en particulier, près _______ Préfecture _______ Police. 3. C'est _______ marché que je préfère: c'est _______ plus gai et _______ plus pittoresque _______ ville. 4. Un jour, je suis allée _______ marché. 5. J'y ai acheté _______ quantités _______ légumes: _______ carottes, _______ courgettes *(squash)*, _______ tomates et _______ laitue *(f.)*, _______ olives. 6. _______ tomates et _______ olives poussent bien dans _______ Midi _______ France. 7. Elles entrent dans _______ composition de la plupart _______ plats. 8. _______ olives sont macérées dans _______ huile. 9. J'ai acheté aussi _______ gros poisson à faire cuire _______ four, _______ poissons de roche et _______ crabes pour faire _______ bouillabaisse *(f.)* 10 . _______ bouillabaisse est _______ plat célèbre dans _______ Midi. 11. Avez-vous jamais mangé _______ bouillabaisse? 12. C'est _______ expérience gastronomique unique.

13. J'ai acheté beaucoup _______ fruits. 14. _______ fruits poussent surtout dans _______ vallée _______ Rhône, mais _______ marchands apportent dans cette ville _______ melons, _______ pêches et _______ abricots de leurs vergers. 15. _______ oranges ne poussent pas bien dans _______ Midi. 16. Il n'y a pas _______ citrons non plus; c'est parce que _______ climat n'est pas assez chaud.

17. J'ai aussi acheté _______ fleurs. 18. _______ marché _______ fleurs _______ Nice est _______ plus connu _______ cette région. 19. En hiver on rapporte de Nice _______ œillets *(carnations)* et _______ mimosa _______ amis de Paris, où _______ fleurs ne poussent qu' _______ printemps.

II. Voyages bien organisés. Mettez la préposition qui convient devant le nom de ville (**à**) et le nom de pays (**au, en**). Mettez l'article qui convient devant les noms (défini, indéfini, partitif).

MODÈLE: Je suis allé __en__ Italie; j'ai visité __les__ musées de Florence, __les__ canaux de Venise; j'ai mangé __des__ spaghettis et bu __du__ chianti *(m.)*

1. _______ Grèce, j'ai adoré _______ ruines anciennes et _______ petites églises byzantines. Je me suis baigné dans _______ mer turquoise. J'ai bu _______ vin résiné *(retsina)* et mangé _______ pâtisseries très sucrées.
2. _______ Egypte, j'ai admiré _______ Grande Pyramide et _______ Sphinx. J'ai acheté _______ bijoux d'argent _______ bazar et j'ai mangé _______ excellente soupe _______ lentilles.
3. _______ Salzbourg, j'ai visité _______ palais et _______ maison de Mozart. J'ai écouté _______ valses viennoises _______ terrasse d'un café et j'ai bu _______ chocolat viennois.
4. _______ Moscou, j'ai attendu longtemps sur _______ Place Rouge pour voir _______ Mausolée de Lénine. J'ai mangé _______ soupe _______ choux à tous _______ repas.
5. _______ Martinique, j'ai pris _______ bains de soleil sur _______ plages blanches et j'ai mangé _______ poisson grillé _______ bord _______ mer.
6. _______ Mexique, j'ai passé toute _______ journée _______ Musée Archéologique, j'ai admiré _______ pyramides _______ lune et _______ soleil, j'ai mangé _______ tacos et _______ burritos.
7. Je suis rentré chez moi et j'avais _______ indigestion _______ nourriture et _______ voyages.

III. Que font-ils? Que vendent-ils? A quoi jouent-ils? De quoi jouent-ils? Faites des phrases avec les noms de la colonne de gauche et les noms de la colonne de droite, et un des verbes suivants: **faire, vendre, jouer à** ou **de**.

MODÈLE: Catherine Deneuve   le cinéma
*Catherine Deneuve **fait du** cinéma.*

1. Steffi Graf	a. autos
2. les Japonais	b. le rock
3. les Canadiens	c. le parfum
4. Arthur Rubinstein	d. les montres
5. Yo-Yo Ma	e. le football
6. les Brésiliens	f. le hockey sur glace
7. les «Fine Young Cannibals»	g. le tennis
8. les Suisses	h. le piano
9. Yves Saint-Laurent	i. le violoncelle

1. ____
2. ____

3. ______________________________
4. ______________________________
5. ______________________________
6. ______________________________
7. ______________________________
8. ______________________________
9. ______________________________

IV. **Visite au supermarché.** Complétez les phrases avec le nom des produits que vous avez achetés et les autres mots nécessaires pour rendre les phrases logiques.

1. J'ai regardé les prix de la ______________, des ______________ ______________, du ______________, de la ______________.
2. J'ai acheté du ______________, des ______________, de la ______________ et de l' ______________.
3. Le ______________ est bon marché. Les ______________ sont chères.
4. La ______________ raisonnable.
5. Je suis rentré à la ______________. J'avais oublié le ______________ et les ______________.
6. Pour faire mon dîner, j'avais besoin de ______________ et de ______________.
7. J'ai tout laissé en plan et je suis allé dîner au ______________.

V. **Vocabulaire.** Dans les phrases suivantes, mettez les mots qui conviennent dans l'espace vide. Choisissez des mots de cette liste.

le tire-bouchon	le décapsuleur	le compotier
le plat à terrine	le glaçon	le plateau
s'affairer	secouer	gentiment
sans cérémonie	pêle-mêle	radieux
une réclamation	tout en plan	s'immobiliser
une émission	éplucher	paresseux

1. Elle ______________ la salade dans la baignoire.
2. Quand j'ai beaucoup d'invités, je ______________ dans ma cuisine.
3. —Ouvre la bouteille de vin! —Je ne trouve pas ______________.
4. —Où as-tu mis la salade de fruits? —Dans ______________.
5. Les garçons ______________ pour écouter l'annonce des résultats sportifs.
6. Quand il fait chaud, j'aime ajouter des ______________ à ma boisson.
7. Ils ont posé les paquets dans la cuisine et ont tout sorti ______________.

8. Vous n'êtes pas content de votre achat? Allez au bureau des ______________________ .

9. Je n'aime pas les complications; j'aime bien recevoir mes amis ______________________ ______________________ pour un dîner simple.

10. Jérôme est ______________________ ; il n'aide jamais sa femme à la cuisine.

VI. Traduction.

1. Don't worry. ______________________
2. He dropped everything. ______________________
3. She knows how to take care of everything. ______________________ ______________________
4. Do you want more coffee? ______________________ ______________________
5. Most Frenchmen smoke. ______________________
6. In Martinique, there are beautiful beaches. ______________________ ______________________ ______________________

VII. Un dîner chez les Dorin. Regardez le dessin suivant. Décrivez les actions, les pensées des personnes représentées. Imaginez leur conversation. Vous pouvez utiliser le vocabulaire suggéré.

dresser le couvert • les glaçons • le plateau • la table roulante • l'émission • les résultats sportifs • s'affairer • le tire-bouchon • les victuailles • il y a • se servir de • la cuisinière • le potage *(soup)* • le living • la salle à manger • faire plaisir à • le frigo • l'évier • les fruits • le fromage • la marmite *(pot)* • découper

___

___

___

___

___

___

___

___

___

___

___

___

Nom: ______________________ Date: ______________________

Chapitre 8

Le comparatif et le superlatif

Première partie: exercices oraux

Faites ces exercices au laboratoire, sans cahier. Ecoutez le speaker, répondez aux questions, faites les transformations.

Deuxième partie: exercices oraux / écrits

Faites le travail de cette partie au laboratoire, avec votre cahier.

I. Prononciation.

1. Syllabation. Une syllabe se termine par une voyelle: **a-mi; é-té.** Une consonne double compte pour une seule: **a-rri-vé; a-ttra-pé.**

   Deux consonnes différentes se séparent, la première appartient à la syllabe qui précède, la deuxième appartient à la syllabe qui suit: **per-du; ves-ton.**

   Les groupes suivants ne se séparent pas: **bl, br, tr, dr** (une consonne + **r** ou **l**): **ta-bleau; per-dra.**

   Le **-n** d'une voyelle nasale appartient à la voyelle: **con-tent.**

   Exercice: Divisez tous les mots en syllabes avant d'écouter le speaker. Le speaker vous donne la réponse.

   inimitable ______________________
   département ______________________
   destruction ______________________
   animalité ______________________
   politiquement ______________________
   contradiction ______________________
   probablement ______________________
   supériorité ______________________
   instinctivement ______________________
   anticonstitutionnel ______________________

2. L'accent tonique. En français on met l'accent sur la dernière syllabe du mot.

professeur	docteur
américain	possible
probablement	important
animal	intelligent

On met l'accent sur la dernière syllabe du groupe de mots.

salle de bain	prof de français
midi et demi	exercice écrit
rendez-vous	

3. Le son /ɛ̃/. Le son /ɛ̃/ a plusieurs orthographes.

in	vin	pin	fin
im	simple	timbre	
ain	pain	main	saint
aim	faim		
ein	sein	rein	plein
yn	syndicat		
ym	symphonie		

4. Le son /jɛ̃/ s'écrit **ien** ou **yen**.

bien	tien
vient	rien
tient	moyen
sien	citoyen
mien	

Exceptions:

client = /klijɑ̃/
patient = /pasjɑ̃/
ils rient = /ilʀi/

5. Le son /wɛ̃/ s'écrit **oin**.

coin	foin
moins	point
soin	loin

6. Contrastez:

/ɛ̃/	/ɛn/
plein	pleine
vain	vaine
sein	seine
rein	Rennes
américain	américaine
canadien	canadienne

7. Contrastez:

/ɛ̃/	/in/
fin	fine
divin	divine
cousin	cousine

8. Mots difficiles.

Daninos		meilleur	mieux	flou	fléau
prudemment	patiemment	erreur		clignotant	

II. Dictée de sons. Le speaker prononce un mot. Vous choisissez et vous encerclez le mot que vous entendez. Le speaker vous donne la réponse.

	(1)	(2)	(3)
1.	rein	rien	rient
2.	fine	fini	fin
3.	sans	saine	saint
4.	mieux	mien	meilleur

III. Poème. Le speaker lit le poème. Ecoutez le poème, lu en entier, puis répétez après chaque pause.

Chanson d'automne

Les sanglots longs
Des violons
    De l'automne
Blessent mon cœur
D'une langueur
    Monotone.

Tout suffocant
Et blême, quand
    Sonne l'heure,
Je me souviens
Des jours anciens
    Et je pleure.

Et je m'en vais
Au vent mauvais
    Qui m'emporte,
Deça, delà
Pareil à la
    Feuille morte.

Paul Verlaine

sanglot sob **blesser** to wound **langueur** tiredness **deça, delà** here and there **pareil** similar

IV. Compréhension. Un voyage extraordinaire. Ecoutez le texte, qui sera lu deux fois. Ensuite arrêtez la machine, et écrivez les réponses aux questions ci-dessous. Puis, écoutez les réponses correctes.

1. Qu'est-ce que M. et Mme Renaud ont trouvé à New York? ____________________

____

2. Préfèrent-ils la cuisine américaine? ____________________

____

3. Comment est le métro de New York? ______

______

4. Quelle comparaison est-ce que M. Renaud fait entre Nice et Miami? ______

______

5. Comment était le jazz à La Nouvelle-Orléans? ______

______

6. Comment sont les vins californiens? ______

______

7. Comment est-ce que M. Renaud a trouvé Los Angeles? ______

______

8. Comment sont les salles de bain dans les hôtels français? ______

______

9. Est-ce que les Renaud sont contents de leur voyage? ______

______

10. Quand M. Renaud dit qu'ils n'ont pas pensé à la France, est-ce qu'il dit la vérité? Qu'est-ce qu'il a fait, en réalité? ______

______

______

Troisième partie: exercices écrits

I. Le comparatif. Faites des phrases de comparaison avec le vocabulaire suggéré.

1. Un voyage en avion / être fatigant / un voyage en bateau. (plus) ______

______

______

2. Les jupes cette année / être long / l'année dernière. (plus) ______

______

______

3. L'est du pays / être sec / l'ouest. (moins) ______

______

______

4. Janine / conduire prudemment / sa sœur. (moins) ______

______

______

5. Il y a de la végétation / en Californie / en Oregon. (moins) ______

______

______

6. Ton frère / réussir / toi. (aussi bien) ______________________________

____

____

7. Ce médicament ne me fait pas / de bien / l'autre. (autant) ______________________

____

____

8. Tu es / heureuse dans ta petite maison / moi dans mon grand appartement. (aussi) ______

____

____

II. Meilleur / mieux. Mettez **meilleur** ou **mieux** dans les phrases suivantes.

1. Le pain de cette boulangerie est ____________________.
2. J'ai été malade. Maintenant je vais ____________________.
3. Les ouvriers américains sont ____________________ payés que les ouvriers européens.
4. Le poisson est ____________________ quand il est frais.
5. Tu achètes des conserves? Moi, j'aime ____________________ les légumes congelés.
6. Vos notes sont ____________________ ce semestre.
7. Nous parlons ____________________ que nos camarades.
8. Vous allez ____________________? Je crois que vous avez ____________________ mine.

III. Plus petit / moindre / plus mauvais / pire. Mettez les comparatifs **plus petit, moindre, plus mauvais, pire** dans les phrases suivantes.

1. Au ____________________ rhume, la maman s'inquiète.
2. Les programmes de télé deviennent ____________________ en été.
3. Je mesure 1 m. 50. Vous mesurez 1 m. 48. Vous êtes ____________________ que moi.
4. Ce beurre cher est ____________________ que l'autre, qui est bon marché.
5. La pollution est ____________________ dans les villes industrielles.

IV. Le superlatif. Faites des phrases au superlatif avec le vocabulaire suggéré.

MODÈLE: Le Manitoba / la province / vaste / le continent.
Le Manitoba est la province ***la plus vaste*** *du continent.*

1. La Rolls / la voiture / cher / le monde. ______________________________

____

2. Miss Wisconsin / a été élue / la fille / belle / les Etats-Unis. ____________________

____

3. Vous avez acheté / le bifteck / dur / le marché. ______________________________

____

4. Ces exercices sont / difficiles / le livre. ______________________________

____

5. C'est Pierre qui travaille / bien. ______________________________

____

6. L'année dernière / ils ont eu / les ennuis / mauvais / leur vie. ______________________________

____

V. Supériorité mondiale. Avec le vocabulaire de la colonne de gauche, faites une question au superlatif sur le modèle suivant. Trouvez votre réponse dans la colonne de droite.

MODÈLE: il y a de hautes montagnes
*Quel est le pays (ou **l'endroit** du monde) où il y a **les plus hautes montagnes?** Le Népal.*

1. il pleut beaucoup
2. il fait chaud
3. les spaghettis sont bons
4. on boit une grande quantité de lait
5. on mange beaucoup de riz
6. on fabrique des voitures
7. on fabrique beaucoup de fromages
8. les pingouins sont nombreux
9. vit une femme riche
10. il y a beaucoup de sources d'eau chaude naturelles.

a. la France
b. l'Angleterre
c. le Sahara
d. la Chine
e. Kauai (Hawaï)
f. les Etats-Unis
g. le pôle Sud
h. le Japon
i. l'Islande
j. l'Italie

1. ______________________________
2. ______________________________
3. ______________________________
4. ______________________________
5. ______________________________
6. ______________________________
7. ______________________________
8. ______________________________
9. ______________________________
10. ______________________________

VI. Vocabulaire. Dans les phrases suivantes, mettez les mots qui conviennent dans l'espace vide. Choisissez des mots de cette liste.

la vitesse	tranquille	menacer
les piétons	le fléau	une conductrice
le clignotant	se confier	terrorisé
le volant	la puissance	blasé
l'allumage	patiemment	le feu rouge
l'allure	prudemment	se méfier

1. Quand on conduit une voiture, on tient ______________________ dans ses mains.
2. Il faut ______________________ à ses amis quand on a des ennuis.
3. Les conducteurs de grosses voitures puissantes sont ______________________.
4. Le ______________________ vous indique qu'il faut vous arrêter à un croisement.
5. Au croisement, il faut laisser passer ______________________.
6. Vous sentez-vous ______________________ quand votre jeune sœur conduit votre voiture?
7. Aux Etats-Unis, la limite de ______________________ est souvent de 55 miles à l'heure.
8. Sur les routes de montagne, il est recommandé de conduire ______________________.
9. Il a eu un accident. Il avait oublié de mettre son ______________________ pour indiquer qu'il allait tourner.
10. Une personne qui a bu et qui conduit est un véritable ______________________.

VII. Traduction.

1. Let's take a trip to Europe. Do you prefer to travel by boat rather than take the plane?

____

____

2. I prefer to take the plane. On a boat, I am seasick and I cannot eat.

____

____

3. But you are as sick on the plane as on the boat.

____

____

4. True, but the trip does not last as long; I do not suffer as much as (I do) on the boat.

____

____

5. Well, let's take the plane then.

____

____

6. What countries do you prefer to visit this time? We have already visited northern countries. I prefer to see countries different from the countries where we traveled last time.

7. Well, I have heard (**il paraît que**) Swiss hotels are the most expensive in Europe, but they are more comfortable than all the others.

8. Right, but the English breakfasts are the largest (**copieux**) of all.

9. The breakfasts are large, but the other meals are the worst in all Europe.

10. French food is the best.

11. Yes, and the French cheeses are more famous than the German.

12. True, but German beer is better than French beer.

13. What about (**Et**) Italy? There, there are more interesting restaurants than in most other countries.

14. And also their spaghetti (*pluriel en français*) is the most delicious in the world.

15. In Greece the pastries are sweeter (**sucré**) than elsewhere (**ailleurs**).

16. In Spain, the sangria . . .

17. The more we speak about traveling, the hungrier I get.

18. I know an excellent international restaurant. Let's go there and forget about our trip. In the end, it will be more economical and less tiring.

VIII. Un croisement dangereux. Regardez le dessin suivant. Décrivez les actions, les pensées des personnes représentées. Imaginez leur conversation. Vous pouvez utiliser le vocabulaire suggéré.

le croisement • le feu rouge • le clignotant • la lenteur • la vitesse • le conducteur • la conductrice • se méfier • tranquille • prudemment • traverser • couper le passage • conduire • tout de suite • plus... que • tant... que • la moto • menacer • furieux • un casque • souriant

Nom: ______________________ Date: ______________________

Chapitre 9

La négation

Première partie: exercices oraux

Faites ces exercices au laboratoire, sans cahier. Ecoutez le speaker, répondez aux questions, faites les transformations.

Deuxième partie: exercices oraux / écrits

Faites le travail de cette partie au laboratoire, avec votre cahier.

I. **Prononciation.**

1. Le **-n** final. On ne prononce pas **-n** final ou **n** devant une consonne. La voyelle est nasale.

an	danse
son	pense
non	peint

On prononce **n** suivi d'une voyelle, d'une **e** muet ou d'un autre **n**. La voyelle n'est pas nasale.

â / ne	pei / ne
so / nne	pa / nne

2. L'orthographe **gn**. L'orthographe **gn** représente le son /ɲ/ ou /nj/. Comparez avec le **ny** de *canyon*.

montagne	agneau	magnétophone
magnifique	champagne	ignorer
lorgnon	ligne	oignon /ɔɲɔ̃/

Exceptions: L'orthographe **gn** représente le son /gn/ dans les mots suivants.

diagnostic	magnat
ignition	magnum
agnostique	agnitude

3. Contrastez:

n /n/	**gn** /ɲ/
anneau	agneau
en panne	Espagne
oh! non	oignon
reine	règne
Cannes	Cagnes
ils peinent	ils peignent

4. Révision des sons.

Contrastez:

/ɛ̃/	/ɑ̃/	/ɔ̃/
bain	banc	bon
daim	dans, dent	don
faim	faon	font
lin	lent	long
main	ment	mon
nain	n'en	non
pain	pend	pont
sain	sans	son
vin	vent	vont

5. Mots difficiles.

controverse	plausible
roussi	rendement
asphyxié	peigne
éteindre	étreindre
étendre	entendre

II. **Dictée de sons.** Le speaker prononce un mot. Vous choisissez et vous encerclez le mot que vous entendez. Le speaker vous donne la réponse.

	(1)	(2)	(3)
1.	éteindre	étendre	entendre
2.	fou	feu	font
3.	Cagnes	quand	Cannes
4.	pond	pend	peint
5.	agneau	anneau	ah! non

III. **Poème.** Le speaker lit le poème. Ecoutez le poème, lu en entier, puis répétez après chaque pause.

Rondeau

Le temps a laissé son manteau
De vent, de froidure et de pluie,
Et s'est vêtu de broderie,
De soleil luisant, clair et beau.

Il n'y a bête ni oiseau
Qu'en son jargon ne chante ou crie:
Le temps a laissé son manteau
De vent, de froidure et de pluie.

Rivière, fontaine et ruisseau
Portent en livrée jolie
Gouttes d'argent d'orfèvrerie,
Chacun s'habille de nouveau.

Le temps a laissé son manteau.

Charles d'Orléans (1381–1465)

la froidure (old fashioned) cold weather **s'est vêtu** (de **se vêtir**) = **s'habiller** **la broderie** embroidery **luisant** brilliant, shining **le ruisseau** stream **la livrée** livery **la goutte** drop **l'orfèvrerie** gold plate

IV. Compréhension. Un mauvais secrétaire. Ecoutez le dialogue suivant qui sera lu deux fois. Ensuite, arrêtez la machine, et écrivez les réponses aux questions ci-dessous. Puis écoutez les réponses correctes.

1. Pourquoi est-ce que le secrétaire n'a pas tapé les lettres? ____________________

2. Est-ce qu'il a envoyé les lettres de la veille? ____________________

3. Pourquoi est-ce qu'il n'a pas écrit le rapport? ____________________

4. Qu'est-ce qu'il fait de bien dans ce bureau? ____________________

5. Pourquoi est-ce qu'il n'a pas passé de commandes? ____________________

6. Quels défauts a la directrice du bureau? ____________________

7. Est-ce que le secrétaire a beaucoup d'expérience? ____________________

8. Quelles sont les qualités du secrétaire? ____________________

9. Quelle est la décision finale de la directrice? ____________________

Troisième partie: exercices écrits

I. **Formes de la négation.** Répondez aux questions à la forme négative.

1. Aimez-vous quelqu'un? ______________________________
2. Avez-vous acheté quelque chose au marché aux puces? ______________________________
3. Allez-vous quelquefois faire du ski? ______________________________
4. Est-ce que vous m'avez tout raconté? ______________________________
5. Avez-vous beaucoup de loisirs? ______________________________
6. Etes-vous déjà fatigué? ______________________________
7. Avez-vous encore faim? ______________________________
8. Est-ce que quelqu'un vous a vu entrer? ______________________________
9. Avez-vous le désir de sortir ce soir? ______________________________
10. Est-ce que quelque chose vous plaît? ______________________________

II. **Place de la négation.** Mettez la négation indiquée entre parenthèses dans les phrases ci-dessous.

1. Il aime le jazz et la musique classique. (ne... ni... ni...) ______________________________
2. Ils ont rencontré. (ne... personne) ______________________________
3. Elle a eu du chagrin. (ne... aucun) ______________________________
4. Vous vous êtes amusé. (ne... pas beaucoup) ______________________________
5. Tu as vu ce film? (ne... jamais) ______________________________

6. Jacques et Paul nous ont écrit. (ni... ni... ne) ______________________________

____

7. Elle a compris. (ne... pas encore) ______________________________

____

III. Négations composées. Introduisez les négations combinées dans les groupes suivants.

1. Elle entend. (jamais... rien) ______________________________

____

2. Racontez (à). (rien... personne) ______________________________

____

3. Je dirai (à). (plus... rien... personne) ______________________________

____

4. Nous irons à ce supermarché. (jamais... plus) ______________________________

____

IV. Only = ne... que / seulement, seul. Introduisez l'expression **ne... que,** ou **seul,** ou **seulement** dans les phrases suivantes.

MODÈLE: Je bois de l'eau d'Evian.
*Je **ne** bois **que** de l'eau d'Evian.*

1. J'ai lu un roman de Sartre. ______________________________

____

2. Il mange des légumes. ______________________________

____

3. Il travaille trois jours par semaine. ______________________________

____

4. Elle se confie à son amie Anne. ______________________________

____

5. Marie a compris le problème. ______________________________

____

6. Il espère que vous allez l'écouter. ______________________________

____

7. Trois semaines jusqu'aux vacances! ______________________________

____

8. Qui a trouvé la réponse? Jeanne. ______________________________

____

V. Négativité. Quelqu'un vous suggère quelque chose. Vous répondez négativement et variez les négations. Utilisez le vocabulaire suggéré.

MODÈLE: *Un ami:* Viens me rejoindre pour jouer au tennis!
Vous: (se sentir bien / avoir envie de jouer)
Vous: Non, merci, je ne me sens pas bien et je n'ai aucune envie de jouer au tennis.

1. *Un représentant:* Monsieur, voulez-vous acheter le produit Miracle pour polir vos meubles?
   Vous: (avoir besoin / posséder des meubles) ____________________
   ____

2. *Votre grand-mère:* Viens m'aider à repeindre ma cuisine!
   Vous: (avoir le temps / supporter l'odeur de la peinture) ____________________
   ____

3. *Vos parents:* Tu as dépensé trop d'argent le mois dernier.
   Vous: (acheter quelque chose d'inutile / manger toujours au restaurant) ____________________
   ____

4. *Une amie:* Si on allait danser ce week-end?
   Vous: (finir déjà votre travail / aimer la musique rock) ____________________
   ____

5. *Le professeur:* Vous étiez absent pour le dernier examen!
   Vous: (quelqu'un vous dire qu'il y a un examen / manquer toujours la classe un jour pareil)
   ____
   ____

6. *L'agent de police:* Je vous donne une contravention pour excès de vitesse.
   Vous: (aller vite / voir un panneau indiquant la vitesse limite) ____________________
   ____

VI. Vocabulaire. Dans les phrases suivantes, mettez les mots qui conviennent dans l'espace vide. Choisissez des mots de cette liste.

confondre	bien entendu	tout de suite
la querelle	brûler	«De quoi s'agit-il?»
sentir le roussi	le grenier	«Qu'est-ce qu'il y a pour votre service?»
briller	se disputer	avertir
être assuré	faire de la peine	

1. Le professeur a entendu les élèves qui se disputaient et a demandé: « ____________________
   ____________________?»
2. Il ne faut pas ____________________ étendre et éteindre.
3. Au feu! Il faut ____________________ les pompiers.
4. Ma grand-mère a une grande maison. Dans le ____________________ il y a des tas d'objets intéressants.

5. Les casques des pompiers ________________________ au soleil.
6. Après l'incendie, la maison ________________________.
7. Je suis prête à partir. Vous venez? —________________________.
8. Ces deux petits garçons ________________________ tout le temps. Il faut les séparer.
9. Georges a eu un accident. Heureusement il ________________________.

VII. Traduction.

1. It's none of your business. ____
____
2. What is it about? ____
____
3. There is never anybody. ____
____
4. I want to ask you a favor. ____
____
5. It does not work. ____
____
6. Neither do I. ____
____

VIII. Eteignez bien vos feux de camp! Regardez les dessins suivants. Faites une douzaine de phrases et décrivez les scènes; imaginez les conversations, les actions des personnes représentées. Vous pouvez utiliser le vocabulaire suggéré.

la grange • faire attention • se soucier de • les pompiers • l'extincteur • les flammes • oublier de • un pyromane • s'énerver • s'enfuir • punir • les cendres • sentir le brûlé

Nom: ______________________ Date: ______________________

Chapitre 10

L'interrogation

Première partie: exercices oraux

Faites ces exercices au laboratoire, sans cahier. Ecoutez le speaker, répondez aux questions, faites les transformations.

Deuxième partie: exercices oraux / écrits

Faites le travail de cette partie au laboratoire, avec votre cahier.

I. Prononciation.

1. L'intonation de la phrase déclarative. L'intonation de la phrase déclarative suit le schéma suivant.

   Ils sont partis en province.

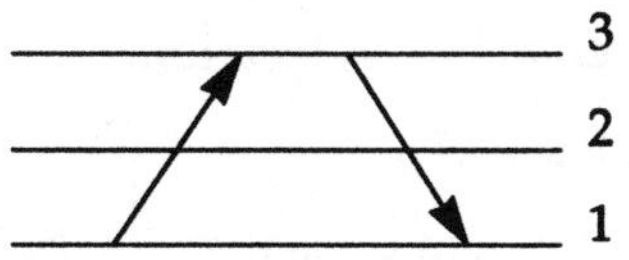

   3
   2
   1

   Répétez en imitant l'intonation du speaker.

   Les voitures d'enfant sont chères.

   Nous aimons la moutarde en tube.

   Elle a une chambre en location.

   Tu as fait la lessive.

   Ils habitent dans une H.L.M.

2. Intonation de la phrase interrogative. Il y a trois types d'intonation.

   a. Si la phrase interrogative est une ancienne phrase déclarative terminée par un point d'interrogation, l'intonation est montante et suit le schéma suivant:

Ils sont partis en province?

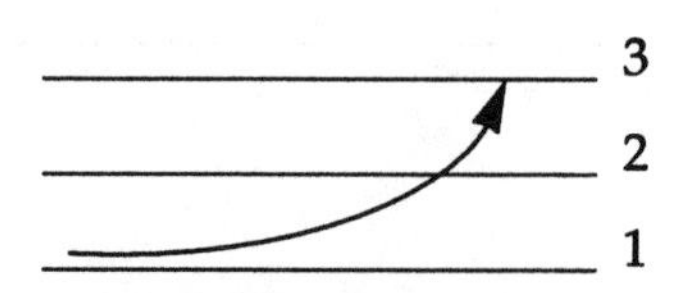

Répétez en imitant l'intonation du speaker.

Les voitures d'enfant sont souvent chères?

Vous aimez la moutarde en tube?

Elle a une chambre en location?

Tu as fait la lessive?

Ils habitent dans une H.L.M.?

b. Si la phrase interrogative est formée par inversion du sujet, et si on commence par **est-ce que,** on a une intonation descendante et la voix remonte sur la dernière syllabe selon le schéma suivant.

Sont-ils partis en province?

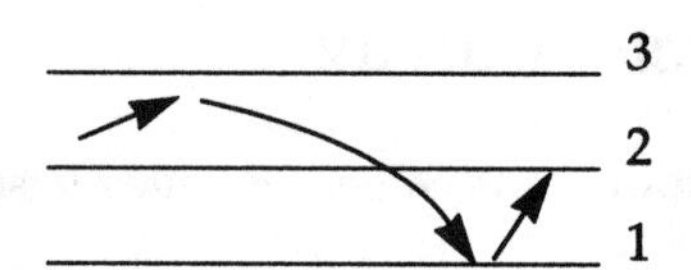

Est-ce qu'ils sont partis en province?

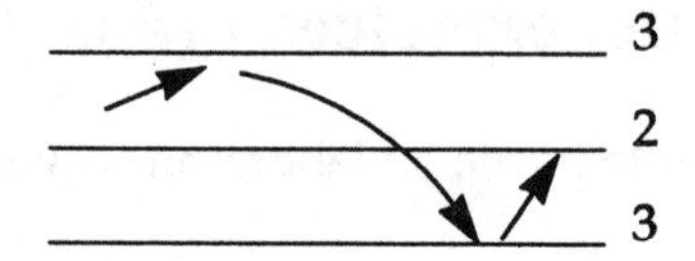

Répétez en imitant l'intonation du speaker.

Les voitures d'enfant sont-elles chères?

Aimez-vous la moutarde en tube?

A-t-elle une chambre en location?

As-tu fait la lessive?

Est-ce qu'ils habitent dans une H.L.M.?

c. Si la phrase interrogative commence par un mot interrogatif (**qui, que, où, comment,** etc.), la voix est haute sur ce mot, redescend, et remonte légèrement à la fin de la phrase, selon le schéma suivant:

Qui est le directeur de l'agence?

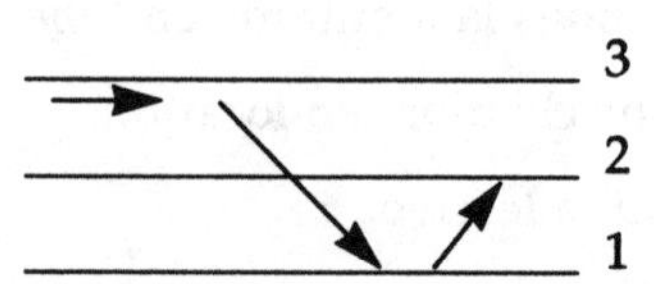

Répétez en imitant l'intonation du speaker.

Où avez-vous acheté cette voiture d'enfant?

Quelle sorte de moutarde préférez-vous?

Que faites-vous de cette chambre libre?

Pourquoi n'as-tu pas fait la lessive?

A quoi pensez-vous?

3. L'orthographe **qu.**

   a. **qu** se prononce /k/ dans certains mots.

qui	quatre
quand	quel
pour qu'il	

   b. **qua** se prononce /kwa/ dans certains mots.

quatuor	équateur
square	quadruple
équation	

   c. **qui** se prononce /kɥi/ dans certains mots.

équidistant	équilatéral

4. L'orthographe **ch.**

   a. **ch** se prononce /ʃ/ dans certains mots.

chat	bronchite
chien	architecte
cheval	archives
chemise	

   b. **ch** se prononce /k/ dans les mots suivants.

chaos /kao/	psychanalyse
chœur	psychiatre
écho	psychologie
orchestre	Saint-Roch
orchidée	chronique
archaïque	

5. Mots difficiles.

psycho-sociologue	H.L.M.	
sondages-express	magnétophone	
interviewèrent	aspirateurs-traîneaux	
plats surgelés	qu'est-ce-que	qui est-ce que

II. Dictée de sons. Le speaker prononce un mot. Vous choisissez et vous encerclez le mot que vous entendez. Le speaker vous donne la réponse.

	(1)	(2)
1.	qu'est-ce que	qui est-ce que
2.	Rachel	Raquelle
3.	exprès	express
4.	Roche	Roch
5.	quatre	croître

III. Dictée. Le speaker lit la dictée deux fois. La première fois, vous écoutez. La deuxième fois, écrivez!

IV. Compréhension. Le jeu des dix questions. Vous participez à un jeu de la radio, le jeu des dix questions: vous devez trouver la question qui correspond à la réponse que vous entendez. Ecoutez la réponse, qui sera lue deux fois. Ecrivez la question ci-dessous. Puis, écoutez les questions correctes.

MODÈLE: Réponse: C'est un roi de France qui se comparait souvent au soleil.
Question: *Qui est Louis XIV?*

1. ______
2. ______
3. ______
4. ______
5. ______
6. ______
7. ______
8. ______
9. ______
10. ______

Troisième partie: exercices écrits

I. Pronoms de choix. Remplacez les groupes en italique par la forme du pronom de choix: **lequel, laquelle, lesquels, lesquelles.**

MODÈLE: De ces livres, ___________ préférez-vous?
De ces livres, ***lequel*** *préférez-vous?*

1. Voici *deux photos.* ____________________ voulez-vous?
2. Nous avons *plusieurs voitures.* ____________________ aimeriez-vous emprunter?
3. J'ai lu tous ses *romans.* —Ah! oui, ____________________ a-t-on tiré ce film?
4. De tous *les appartements* que nous avons visités, ____________________ allons-nous prendre?
5. Cette grand-mère adore *tous ses petits-enfants,* mais ____________________ pense-t-elle plus souvent?
6. ____________________ *des deux coureurs* gagnera?

II. Mots interrogatifs. Dans ce texte, remplacez les tirets par les mots interrogatifs.

est-il	comment	est-ce que
où	qu'est-ce qui	qui
de quoi	qu'est-ce que	que

Mon Dieu! Je ne trouve plus mon porte-monnaie. ____________________ j'en ai fait? ____________________ l'ai-je mis? Voyons. Je l'avais quand je suis allée au marché. ____________________ je l'ai perdu? Ou bien, on me l'a volé? ____________________ aurait pu me le prendre? ____________________ allons-nous vivre tout le reste de la semaine? ____________________ va dire mon mari? ____________________ lui expliquer que nous n'avons plus un sou? Allons, cherchons bien. ____________________ dans mon sac, dans mon panier à provisions? Non. Mais ____________________ fait une bosse *(bump)* dans la poche de mon manteau? Ah! Voilà, je l'ai trouvé!

III. Pronoms interrogatifs. Complétez les phrases suivantes avec un pronom ou un adjectif interrogatif.

MODÈLE: ___________ vous a téléphoné?
Qui *vous a téléphoné?*

1. ____________________ est-il devenu?
2. ____________________ vous servez-vous pour écrire?
3. ____________________ regardez-vous —Un album de vieilles photos.
4. ____________________ vous écoutez? —Un disque d'Aznavour.
5. ____________________ pensez-vous? —Aux vacances.

6. ____________________ est la différence entre une voiture française et une voiture américaine?
7. ____________________ l'écologie?
8. ____________________ votre père parlait-il? —Aux journalistes.
9. ____________________ fait ce bruit dans la rue? —Les camions.
10. ____________________ a dit le professeur? —Rien.

IV. Pronoms interrogatifs. Faites une question pour les réponses suivantes. La question doit être posée à propos du mot en italique.

MODÈLE: Il a perdu *son argent.*
Qu'est-ce qu'il a perdu?

1. Ils attendent *l'autobus.* ____________________
2. *Mes amis* m'ont écrit. ____________________
3. *Les sciences* l'intéressent. ____________________
4. J'ai envie *d'un bon biftek.* ____________________
5. Je veux acheter *une grosse voiture.* ____________________
6. Ils habitent *la grande* maison *à droite.* ____________________
7. Mon père est *mécanicien.* ____________________
8. C'est *le téléphone* qui sonne. ____________________
9. Elle sort *avec mon cousin.* ____________________
10. Il pense *à son avenir.* ____________________
11. Un diplodocus est *un animal préhistorique.* ____________________
12. *Manger et dormir* sont mes occupations préférées. ____________________
____

V. Vocabulaire. Dans les phrases suivantes, mettez les mots qui conviennent dans l'espace vide. Choisissez des mots de cette liste.

faire confiance	teindre	faire tenir
en sachets	les eaux minérales	les boissons alcoolisées
onctueuse	la lessive	faire une confidence
tousser	les pâtes	un ordinateur
express	la papeterie	les conserves
déchirer	en boîtes	le magnétophone

1. Quand vous ____________________, il faut prendre un sirop.
2. Ma sœur met de la laque sur ses cheveux pour les ____________________.
3. Moi, j'achète toujours de la bière ____________________, puis je recycle l'aluminium.
4. Tu as mis trop de ____________________ dans la machine à laver.

5. Le professeur apporte toujours un ______________________________ en classe pour nous faire écouter des chansons.

6. Cette glace à la pêche, faite avec de la crème, est vraiment ______________________________.

7. Mon boucher me donne toujours les meilleurs morceaux. Je lui ______________________________ ______________________________.

8. Quand on fait une longue marche en montagne, il n'est pas recommandé de boire des ______________________________.

9. On achète des cahiers, des crayons, du papier à lettres dans une ______________________________ ______________________________.

10. Je ne le reconnais plus depuis qu'il s'est fait ______________________________ les cheveux.

VI. Traduction.

1. What's the matter with you? ______________________________
2. What are you up to? ______________________________
3. What is that? ______________________________
4. What is going on? ______________________________
5. What is the difference? ______________________________

VII. Une enquête dans une grande surface. Que va faire la jeune fille qui a un magnétophone? Imaginez au moins dix questions qu'elle va poser aux différentes personnes dans cette scène.

administrer un questionnaire • les journaux • les revues • être pour ou contre • un sac à dos • un sac de couchage • un réchaud • être pressé • la maroquinerie *(leather goods store)* • une valise • une enquête

Nom: ______________________ Date: ______________________

Les pronoms personnels

Première partie: exercices oraux

Faites ces exercices au laboratoire, sans cahier. Ecoutez le speaker, répondez aux questions, faites les transformations.

Deuxième partie: exercices oraux / écrits

Faites le travail de cette partie au laboratoire, avec votre cahier.

I. Prononciation.

1. L'enchaînement vocalique consiste à lier (*carry on*) les sons de deux ou plusieurs voyelles successives. On ne fait pas de pause entre les voyelles.

Voilà Anne	/vwalaan/
André a un rhume.	/eaœ̃/
Elle a eu un bébé.	/ayœ̃/
Là-haut à la montagne.	/ɑoa/
Il a eu une idée.	/ayy/
lundi à onze heures	/iaɔ̃/
en mai et en juin	/eeɑ̃/

2. L'enchaînement consonantique. On applique le principe de la syllabation au groupe de mots. **Avec amour** divisé en syllabes est prononcé **a-ve-ca-mour.** On prononce la dernière consonne d'un mot avec la première syllabe du mot suivant, sans arrêter la voix.

avec amour	/avɛk-amuʀ/
Il a peur.	/i-la-pœʀ/
Elle est là.	/ɛ-lɛ-lɑ/
Il étudie.	/i-le-ty-di/
quatre ans	/ka-tʀɑ̃/
le peuple américain	/lə-pœ-pla-me-ʀi-kɛ̃/
Quelle idée!	/kɛ-li-de/

3. Les sons /œ̃/ et /ɔm/. Le son /œ̃/ de l'article **un** se retrouve dans quelques mots communs, écrits **un** ou **um.**

lundi parfum humble

Dans quelques mots **um** se prononce /ɔm/.

rhum maximum minimum

On prononce **un** différemment de **in** surtout dans des mots très proches.

Contrastez:

/œ̃/	/ɛ̃/
brun (*brown*)	brin (*weed*)
d'un	daim (*deer*)
défunt (*deceased*)	des fins (*some ends*)
à jeun (*without breakfast*)	Agen (*French city*)
Mœung (*French city*)	main
à lundi	Alain dit

Contrastez:

un /œ̃/	**une** /yn/
chacun	chacune
les uns	les unes
aucun	aucune
brun	brune
importun	importune

Contrastez:

un, um /œ̃/	**ume** /ym/
parfum	parfume
brun	brune
les embruns	embrume

4. Mots difficiles.

chapeau de paille
aide-cuisinier
bateau-fantôme
quarantaine
mauvais sang
oreillons
océanographique

II. Dictée de sons. Le speaker prononce un mot. Vous choisissez et vous encerclez le mot que vous entendez. Le speaker vous donne la réponse:

	(1)	(2)	(3)
1.	brun	brin	brune
2.	rond	rhume	rhum
3.	coup	coupe	coupé
4.	d'un	daim	d'une
5.	Lézin	les uns	les unes

III. Poème. Le speaker lit le poème. Ecoutez le poème, lu en entier, puis répétez après chaque pause.

La Grenouille qui veut se faire aussi grosse que le bœuf

Une grenouille vit un bœuf,
Qui lui sembla de belle taille.
Elle, qui n'était pas grosse en tout comme œuf,
Envieuse, s'étend, et s'enfle et se travaille,
Pour égaler l'animal en grosseur,
Disant: «Regardez bien, ma sœur;
Est-ce assez? dites-moi; n'y suis-je point encore?
—Nenni. —M'y voici donc? —Point du tout. —M'y voilà?
—Vous n'en approchez point.» La chétive pécore
S'enfla si bien qu'elle creva.

La Fontaine

la grenouille frog **le bœuf** ox **de belle taille** of a good size **un œuf** egg **s'étendre** to stretch out **s'enfle** inflates herself **la grosseur** fatness, size **nenni** not at all (*old French*) **la chétive pécore** the despicable and stupid animal **crever** to puncture, explode

IV. Compréhension. L'équipage est au complet. Ecoutez le dialogue suivant entre deux jeunes filles, qui sera lu deux fois. Ensuite, arrêtez la machine, et écrivez les réponses aux questions ci-dessous. Puis écoutez les réponses correctes.

1. Que vont faire Caroline, ses frères et son oncle? ______________________________

____

2. Pourquoi est-ce que Caroline invite Stéphanie? ______________________________

____

3. Est-ce que Stéphanie est un bon matelot? Quelles sont ses qualités? ______________

____

4. De quoi est-ce que Stéphanie a peur? ______________________________

____

5. Qu'est-ce que Caroline va emporter pour prévenir le mal de mer? ______________

____

6. Combien de temps va durer le voyage? ______________________________

____

7. Qui est-ce que Stéphanie veut emmener avec elle? ______________________________

____

8. Pourquoi est-ce que Caroline ne veut pas de Fido? ______________________________

____

9. Quelle excuse est-ce que Stéphanie a trouvée? ______________________________

____

10. En réalité, quelles sont les pensées de Stéphanie? ______________________________

____

Troisième partie: exercices écrits

I. Formes des pronoms. Remplacez les groupes en italique par le pronom qui convient.

1. Elle mange *les fruits.* ______
2. Vous cherchez *des questions?* ______
3. Nous étudions *la poésie* par cœur. ______
4. Il attend *son amie* au café. ______
5. Marcel apprend la nouvelle *à ses parents.* ______
6. Je profite *du beau temps.* ______
7. Il a eu plusieurs *accidents.* ______
8. Je sais jouer *du piano.* ______
9. Vous pensez *à ce poème.* ______
10. Il fait attention *à l'orthographe.* ______

II. Formes et place des pronoms. Remplacez les groupes en italique par les pronoms qui conviennent.

1. Elle donne *la main au petit garçon.* ______
2. Je prête *mon livre à Isabelle.* ______
3. Tu empruntes *de l'argent à ta sœur?* ______
4. Vous envoyez *des fleurs à la princesse.* ______
5. Patrick présente *la jeune fille à ses parents.* ______
6. Il s'occupe *de ses affaires.* ______
7. Vous pensez *à votre avenir.* ______
8. Tu penses *à une femme-écrivain célèbre.* ______
9. Ils ne tiennent pas *aux valeurs traditionnelles.* ______
10. Elle donne *du souci à ses parents.* ______

III. Formes et place des pronoms à l'impératif. Dans les phrases suivantes, remplacez les groupes en italique par des pronoms. Répétez la phrase obtenue (1) à l'impératif positif, (2) à l'impératif négatif.

MODÈLE: Vous *m'*expliquez *la leçon.*
*Vous **me l'**expliquez.*
*Expliquez-**la-moi.***
*Ne **me l'**expliquez pas.*

1. Nous donnons *les réponses à l'inspecteur.* ______

______

______

2. Vous envoyez *des nouvelles à vos parents.* ____________________

____

____

3. Tu prêtes *ton stylo à Maurice.* ____________________

____

____

4. Nous pensons *à notre santé.* ____________________

____

____

IV. Une secrétaire parfaite. La directrice demande à sa secrétaire de faire quelque chose; elle l'a déjà fait. Suivez le modèle.

MODÈLE: Tapez cette lettre.
*Tapez-**la** vite!*
*—Je l'ai déjà **tapée**.*

1. Rangez les dossiers. ____________________
2. Ecrivez le rapport. ____________________
3. Envoyez ces renseignements à M. Perrault. ____________________
4. Préparez le programme de la réunion. ____________________
5. Collez ces enveloppes *(f.)* ____________________
6. Téléphonez à ces clients. ____________________

V. Un grand dîner. M. et Mme Lebrun préparent un grand dîner. Mme Lebrun parle à M. Lebrun et lui demande ce qu'il a fait. M. Lebrun répond par oui ou par non. Suivez le modèle.

MODÈLE: *Mme L.:* Tu as commandé la tarte?
*M. L.: Oui, je **l'ai** commandée.* ou
*M. L.: Non, j'ai oublié de **la** commander.*

1. *Mme L.:* Tu as acheté du champagne? —Oui, je ____________________
2. *Mme L.:* Tu as envoyé les invitations? —Non, je ____________________
3. *Mme L.:* As-tu nettoyé la salle à manger? —Oui, je ____________________
4. *Mme L.:* As-tu fait les commissions? —Non, je ____________________
5. *Mme L.:* As-tu téléphoné à ma sœur? —Oui, je ____________________
6. *Mme L.:* Vas-tu mettre le couvert? —Oui, je ____________________

VI. Un garçon consciencieux. Le garçon numéro 1 a fini sa journée de travail. Le garçon numéro 2 commence son service. Le garçon numéro 1 passe les commandes au garçon numéro 2. Suivez le modèle. (Remplacez les mots en italique par un pronom.)

MODÈLE: Garçon no. 1: La dame en blanc veut un Coca. / apporter un *Coca à la dame*
*Apporte-**lui-en** un.*

1. Le monsieur en noir a commandé un Dubonnet. / servir un *Dubonnet* bien frais *à ce monsieur*

____

____

2. La jeune fille en bleu n'a pas payé son sandwich. / demander *à la jeune fille* de payer *son sandwich* ____

____

3. Le jeune homme à la terrasse attend sa fiancée. / demander *à ce jeune homme ce qu'il veut*

____

____

4. Les deux dames assises à droite veulent du gin. / dire *à ces dames* qu'on n'a pas *de gin* ______

____

5. Le petit garçon avec la dame en blanc désire une orangeade gratuite. / demander *au patron* si on peut donner une *orangeade au petit garçon* ____

____

6. Le chien qui accompagne le monsieur en noir a l'air d'avoir soif. / donner un peu d'*eau au chien* ____

____

VII. Vocabulaire. Dans les phrases suivantes, mettez les mots qui conviennent dans l'espace vide. Choisissez des mots de cette liste.

l'équipage	le voilier	le pont
le matelot	préserver	la fièvre
remuer	l'école communale	imbécile
la peste	le squelette	empêcher
la quarantaine	attraper	fou
la santé	la nouvelle	le lycée

1. Marius est un ______________________ parce qu'il ne comprend pas qu'il fait de la peine à son père.
2. Un bateau qui navigue grâce à la force du vent est un ______________________ .
3. Sur ______________________ du bateau, les passagers peuvent faire une promenade.
4. Le capitaine, les matelots, le cuisinier forment ______________________ .
5. ______________________ est une maladie qui a dévasté l'Europe au Moyen-Age.
6. Quand la mer est agitée, le bateau ______________________ .
7. Les enfants vont à ______________________ jusqu'à l'âge de dix ou douze ans.
8. Cet homme est toujours malade, il n'est pas en bonne ______________________ .
9. A cause d'une maladie contagieuse à bord, le bateau est en ______________________ .
10. Cette maman est super-anxieuse: elle ______________________ ses enfants de sortir quand il fait froid.

VIII. Traduction.

1. I think of her every day. ______________________
2. Let me tell you about my life. ______________________

   ____
3. It's no use. ______________________
4. He did it on purpose. ______________________
5. Tell her that for me. ______________________
6. That's the way he is. ______________________

IX. A la poste. Regardez le dessin suivant. Décrivez les actions, les pensées des personnes représentées. Imaginez leur conversation. Vous pouvez utiliser le vocabulaire suggéré.

le timbre • coller • le mandat • le colis postal • la poste restante • la cabine • l'employé • se rendre compte • écrire à • demander à • plus tard • refuser • faire la queue • le guichet *(window)*

___

___

___

___

___

___

___

___

___

___

___

___

___

___

___

Nom: ______________________________ Date: ____________________

Le verbe pronominal

Première partie: exercices oraux

Faites ces exercices au laboratoire, sans cahier. Ecoutez le speaker, répondez aux questions, faites les transformations.

Deuxième partie: exercices oraux / écrits

Faites le travail de cette partie au laboratoire, avec votre cahier.

I. Prononciation.

1. Prononciation des nombres de 1 à 10.

	*nom qui commence par une voyelle ou **h** muet*	*nom qui commence par une consonne ou **h** aspiré*	*nombre en finale*
a.	/œ̃n/	/œ̃/	/œ̃/
	un‿éléphant	un chien	j'en ai un
	un‿homme	un haricot	
b.	/døz/	/dø/	/dø/
	deux‿éléphants	deux chiens	j'en ai deux
	deux‿hommes	deux haricots	
c.	/tʀwaz/	/tʀwa/	/tʀwa/
	trois‿éléphants	trois chiens	j'en ai trois
	trois‿hommes	trois haricots	
d.	/katʀ/	/katʀə/	/katʀ/
	quatre‿éléphants	quatre chiens	j'en ai quatre
	quatre‿hommes	quatre haricots	
e.	/sɛ̃k/	/sɛ̃/	/sɛ̃k/
	cinq‿éléphants	cinq chiens	j'en ai cinq
	cinq‿hommes	cinq haricots	

	/siz/	/si/	/sis/
f.	six‿éléphants six‿hommes	six chiens six haricots	j'en ai six
	/sɛt/	/sɛt/	/sɛt/
g.	sept‿éléphants sept‿hommes	sept chiens sept haricots	j'en ai sept
	/ɥit/	/ɥi/	/ɥit/
h.	huit‿éléphants huit‿hommes	huit chiens huit haricots	j'en ai huit
	/nœf/	/nœf/	/nœf/
i.	neuf‿éléphants neuf‿hommes	neuf chiens neuf haricots	j'en ai neuf
	/diz/	/di/	/dis/
j.	dix‿éléphants dix‿hommes	dix chiens dix haricots	j'en ai dix

2. Les groupes **je ne, je le, je ne le, il ne, elle ne.**

   a. **Je ne** = /ʒœn/ dans

   Je ne sais pas.
   Je ne peux pas.
   Je ne veux pas.
   Je ne pense pas.
   Je ne dis pas.

   b. **Je le** = /ʒœl/ dans

   Je le sais.
   Je le peux.
   Je le veux.
   Je le pense.
   Je le dis.

   c. **Je ne le** = /ʒœnlə/ dans

   Je ne le sais pas.
   Je ne le peux pas.
   Je ne le veux pas.
   Je ne le pense pas.
   Je ne le dis pas.

   d. **Il ne, elle ne** = /ilnə/, /ɛlnə/ dans

   Il ne sait pas. — Elle ne sait pas.
   Il ne peut pas. — Elle ne peut pas.
   Il ne veut pas. — Elle ne veut pas.
   Il ne pense pas. — Elle ne pense pas.

3. **Pas de** se prononce /pɑd/.

   pas de chance
   pas de pain
   pas de travail
   pas de vacances
   pas de mariage

4. Mots difficiles.

   Camara Laye
   Himourana
   Kouyaté
   il se rengorgea
   verrouilla
   extorquer
   je les hais

II. Dictée de sons. Le speaker prononce un mot. Vous choisissez et vous encerclez le mot que vous entendez. Le speaker vous donne la réponse.

	(1)	(2)	(3)
1.	dix (hiboux)	(il en veut) dix	dix (enfants)
2.	neuf (heures)	neuf (ans)	neuf (enfants)
3.	huit (amis)	huit (dollars)	(il y en a) huit
4.	six (pommes)	(j'en ai) six	six (amis)
5.	cent	saint	cinq (août)

III. Dictée. Le speaker lit la dictée deux fois. La première fois, vous écoutez. La deuxième fois, écrivez!

____

____

____

____

____

____

____

____

____

____

____

____

____

IV. Compréhension. Un père juste. Ecoutez le dialogue suivant qui sera lu deux fois. Ensuite, arrêtez la machine, et écrivez les réponses aux questions ci-dessous. Puis écoutez les réponses correctes.

1. Pourquoi est-ce qu'Adrien veut que son père se batte avec le père d'Henri? ______________

   ____

2. Comment cela s'est-il passé? ____

   ____

3. Est-ce que le père d'Henri s'est expliqué avant? ______________________________

   ____

4. Comment est-ce que les lunettes d'Henri se sont cassées? ______________________

   ____

5. Est-ce qu'Adrien pense que c'était sa faute? ______________________________

   ____

6. De quoi Henri souffre-t-il aussi? ____________________
____
7. Qu'est-ce que le père d'Adrien va faire? ____________________
____
8. Quelle phrase est-ce qu'Adrien va écrire cent fois? ____________________
____

Troisième partie: exercices écrits

I. Formes des verbes pronominaux. Donnez les formes des verbes suivants, au temps indiqué.

1. elle (se laver) (*passé composé négatif*) ____________________
2. tu (se rappeler) (*présent affirmatif*) ____________________
3. vous (se téléphoner) (*présent interrogatif*) ____________________
4. nous (se précipiter) (*imparfait affirmatif*) ____________________
5. je (s'asseoir) (*passé composé négatif*) ____________________
6. elles (s'apercevoir) (*plus-que-parfait interrogatif*) ____________________
7. il (s'envoler) (*imparfait négatif*) ____________________
8. nous (s'enfuir) (*présent négatif*) ____________________
9. elle (s'échapper) (*passé composé affirmatif*) ____________________
10. tu (se dépêcher) (*impératif affirmatif*) ____________________

II. Le sens des verbes pronominaux. Identifiez le sens de chaque verbe (*réfléchi, réciproque, passif, seulement pronominal, verbe avec un nouveau sens*); puis donnez la traduction en anglais.

1. Elle s'est vue dans la glace. ____________________
2. Ils s'écrivaient. ____________________
3. Je me suis perdue. ____________________
4. Vous vous doutez qu'elle ment. ____________________
____
5. Ce verbe ne se conjugue pas à tous les temps. ____________________
____
6. Tu te maquilles. ____________________
7. L'oiseau s'envole. ____________________
8. Les années se suivent. ____________________
9. Elle s'est regardée. ____________________
10. S'embrasser dans la rue, ça se fait en France. ____________________

III. Indépendance. Dites ce que ces personnes font toutes seules.

MODÈLE: La maman **lave** le petit garçon.
Le petit garçon se **lave** *tout seul.*

1. Tu as besoin d'un réveil pour te réveiller le matin? Non, je ______________________________
____
2. Vous avez perdu votre chemin? Vous ______________________________
3. La musique endormait Caroline. Elle ______________________________
4. La cosméticienne va maquiller les jeunes filles. Elles ______________________________
____
5. Le valet habille M. le comte. Il ______________________________
6. Le coiffeur a rasé les clients. Ils ______________________________

IV. Une personne trop pressée. Mettez les verbes du paragraphe suivant au passé composé ou au temps qui convient. (*Attention:* il y a deux verbes qui doivent être mis au plus-que-parfait et deux verbes à l'imparfait!)

1. Ce matin je me lève ______________ à 6 heures. 2. Je ne me lave pas ______________ parce que j'ai pris ______________ un bain la veille. 3. Je me nettoie ______________ juste le bout du nez. 4. Je me coiffe ______________ et je m'habille ______________. 5. Je regarde ______________ l'heure et je m'aperçois ______________ qu'il est ______________ déjà 7 heures. 6. Je me dépêche ______________. 7. Je ne me fais pas ______________ de petit déjeuner compliqué. 8. Pas le temps! Je me contente ______________ d'un bol de café. 9. Je me précipite ______________ dehors. 10. Je me rends compte ______________ que je suis ______________ déjà en retard. 11. L'autobus s'arrête ______________ au coin de la rue. 12. Je m'élance ______________ et je m'assieds ______________ essoufflé(e), sur une banquette. 13. L'autobus se remet ______________ en route. 14. Catastrophe! L'autobus se dirige ______________ dans une autre direction. 15. Je me suis trompé(e) ______________ d'autobus!

V. Recommandation. Faites une phrase à l'impératif d'un verbe pronominal pour exprimer les idées suivantes.

1. Vous dites à votre enfant d'aller plus vite. ______________________________
____

2. Vous dites à vos amis de ne pas se faire de souci. ____________________

____

3. Vous dites à un groupe de vous accompagner dans une promenade. ____________________

____

4. Vous défendez à un enfant de s'asseoir sur le canapé. ____________________

____

5. Vous défendez à vos parents de se mettre en colère. ____________________

____

6. Vous dites à Barbara de se rappeler. ____________________

____

7. Vous demandez à un groupe de personnes et à vous-même de rester calmes. ____________________

____

8. Vous demandez à un groupe de personnes et à vous-même de ne pas s'énerver. ____________________

____

VI. Vocabulaire. Dans les phrases suivantes, mettez les mots qui conviennent dans l'espace vide. Choisissez des mots de cette liste.

braver	se venger
convenable	se verser
un coup d'œil	les brimades
frapper	la fessée
la galette	s'échapper
la gifle	Voilà du joli!
Par Allah!	se répandre

1. Camara est bien courageux de ____________________ quelqu'un qui est plus fort que lui.
2. Quand je rentre à la maison, je vais toujours à la cuisine pour jeter ____________________ dans les marmites et voir ce qu'on prépare pour le dîner.
3. Cette famille nombreuse vient d'acheter une grande voiture; la précédente était trop petite et n'avait pas la dimension ____________________.
4. Tu n'es pas allée à l'église dimanche? ____________________!
5. Le 6 janvier, en France, on déguste une ____________________ des Rois: c'est un gâteau délicieux qui célèbre l'Epiphanie.
6. Dans les lycées, il y a encore beaucoup de ____________________: les grands infligent toutes sortes d'humiliations aux petits.
7. Le comte de Monte-Cristo ____________________ de la prison du château d'If et ____________________ de toutes les personnes qui lui avaient fait du mal.

VII. Traduction.

1. Be kind enough to sit down. ______________________________

____

2. He poured some coffee for himself. ______________________________

____

3. I realize I am late. ______________________________

____

4. Hurry up! Remember! ______________________________

____

5. Give me a call. ______________________________

____

6. Do you want a hand? ______________________________

____

VII. En classe. Regardez le dessin suivant. Décrivez les actions, les pensées des personnes représentées. Imaginez leur conversation. Vous pouvez utiliser le vocabulaire suggéré.

le bureau • le sujet de la rédaction • faire des corrections • le maître • au premier rang • dans le fond de la classe • la galette • le tableau • sucer son stylo • taquiner *(to tease)* • la brimade

Nom: ______________________________ Date: ______________________

Chapitre 13

L'infinitif

Première partie: exercices oraux

Faites ces exercices au laboratoire, sans cahier. Ecoutez le speaker, répondez aux questions, faites les transformations.

Deuxième partie: exercices oraux / écrits

Faites le travail de cette partie au laboratoire, avec votre cahier.

I. Prononciation.

1. La terminaison **-er.**

a. La terminaison **-er** est prononcée /e/ dans tous les verbes du 1er groupe, dans la majorité des noms et des adjectifs.

manger	boucher
aller	léger
donner	premier
boulanger	dernier
épicier	

La terminaison **-er** est prononcée /ɛʀ/ dans les mots suivants.

amer (*bitter*)	fer (*iron*)
cancer	fier
cher	hiver
cuiller (*spoon*)	hier
enfer (*hell*)	mer
éther	ver (*worm*)

et dans les mots étrangers suivants.

Esther	reporter
Jupiter	revolver
gangster	starter

La terminaison **-er** est prononcée /œʀ/ dans les mots suivants.

leader steamer

2. Les terminaisons **-tre, -dre, -pre, -bre, -fre, -vre.** Si ces terminaisons sont à l'intérieur d'un groupe, il y a un enchaînement avec la voyelle du mot suivant.

votre enfant	octobre à Paris
répondre au téléphone	offre un verre
un propre à rien	

Si ces terminaisons sont à la fin d'un groupe, elles sont chuchotées (*whispered*).

c'est le vôtre	en septembre
il faut répondre	c'est propre
c'est une jolie chèvre	tu en offres

Le **-r** final est muet dans les mots suivants.

monsieur /məsjø/ messieurs /mesjø/ gars /gɑ/

3. le **-l** final.

a. Le **-l** final est généralement prononcé.

seul bol mal

b. Le **-l** final n'est pas prononcé dans les mots suivants.

pouls (*pulse*) /pu/	cul de sac /kydsak/
saoul (*drunk*) /su/	Renault /ʀəno/

c. La finale **-il** après une consonne est prononcée /il/.

il	fil (*thread*)
cil (*eyelash*)	fils (*threads*)
Nil (*Nile*)	

d. La finale **-il** est prononcée /i/ dans les mots suivants.

gentil	outil (*tool*)
fusil (*gun*)	sourcil (*eyebrow*)
nombril (*navel*)	persil (*parsley*)

Attention: fils *(son, sons)* = /fis/

e. La finale **-ille** après une consonne est prononcée /ij/.

fille famille gentille

f. La finale **-ille** après une consonne est prononcée /il/ dans les mots suivants.

ville	mille
Lille	tranquille
Gilles	

g. Les finales **-il** et **-ille** après une voyelle sont prononcées /j/.

deuil /dœj/	paille /paj/	soleil /sɔlɛj/
œil /œj/	muraille /myʀaj/	pareil /paʀɛj/
feuille /fœj/	Versailles /vɛʀsaj/	merveille /mɛʀvɛj/

4. Mots difficiles.

pavillon de banlieue	veille / vieille
Prunelle	dépareillés
pulls	salière
plier piller	psycho-pédiatre

II. Dictée de sons. Le speaker prononce un mot. Vous choisissez et vous encerclez le mot que vous entendez. Le speaker vous donne la réponse.

	(1)	(2)	(3)
1.	aller	à l'air	à l'heure
2.	(il est) fier	(se) fier	faire
3.	lit d'air	leader	laideur
4.	poule	pouls	pôle
5.	outil	ont-ils	a-t-il
6.	soûle	saule	soûle

III. Dictée. Le speaker lit la dictée deux fois. La première fois, vous écoutez. La deuxième fois, écrivez!

____

____

____

____

____

____

____

____

____

____

____

____

____

____

____

IV. Compréhension. Modes d'emploi. Les étiquettes ou la publicité qui se trouvent sur les boîtes de plusieurs appareils ont été mélangées. Essayez de les mettre en ordre. Ecoutez les descriptions suivantes, qui seront lues deux fois. La liste des appareils se trouve ci-dessous; écrivez le nom de l'appareil en question. Le speaker vous donne la réponse correcte.

Les appareils

un frigo	un séchoir à cheveux
un aspirateur	un chauffe-eau
un micro-ordinateur	un magnétophone
un camésope	une machine à laver

1. ____

2. ____

3. ____

4. ______________________________
5. ______________________________
6. ______________________________
7. ______________________________
8. ______________________________

Troisième partie: exercices écrits

I. L'infinitif. Donnez l'infinitif présent et l'infinitif passé des verbes suivants.

MODÈLE: il **tendit** *tendre* *avoir tendu*

1. elle rejoignit ____________ ____________
2. il fallait ____________ ____________
3. tu descends ____________ ____________
4. vous écrivez ____________ ____________
5. nous avions pris ____________ ____________
6. ils s'étaient arrêtés ____________ ____________
7. je crois ____________ ____________
8. il sourit ____________ ____________
9. tu viens ____________ ____________
10. elle vit ____________ ____________

II. *A, de* ou rien? Dans les phrases suivantes, mettez la préposition qui convient, **à** ou **de,** ou ne mettez rien.

1. Nous préférons ____________ rester.
2. Elle a oublié ____________ venir.
3. Je tiens ____________ vous le dire.
4. Il passe son temps ____________ dormir.
5. Ce vin est bon ____________ boire.
6. Il n'est pas bon ____________ boire trop de vin.
7. C'est une chose facile ____________ comprendre.
8. Elle nous a invités ____________ dîner.
9. Elle paraît ____________ avoir compris.
10. Au lieu ____________ dormir, il regarde la télé.
11. Il vaudrait mieux ____________ penser à votre travail.
12. Essayez donc ____________ comprendre!
13. Il a demandé ____________ sortir.

14. Il lui a demandé ___________ sortir.
15. Tu as le temps ___________ lire?
16. Il y a une maison ___________ vendre au coin de la rue.
17. Ils sont obligés ___________ déménager.
18. J'espère ___________ vous revoir.
19. ___________ partir, c'est mourir un peu.
20. Elle s'est mise ___________ pleurer.

III. Au jardin d'enfants. Combinez les phrases données en suivant le modèle.

MODÈLE: elle **fait** / les enfants (dorment)
*Elle **fait dormir** les enfants.*

1. Janine travaille dans un jardin d'enfants. Tous les jours elle fait
les enfants jouent / ils dessinent / ils colorent des images ___________________________

____

____

2. Elle regarde
les enfants courent / ils sautent et dansent / ils font des pâtés de sable ________________

____

____

3. Plus tard elle fait
les plus petits font une sieste / les plus grands écoutent de la musique ________________

____

____

4. Enfin elle laisse
tout le monde crie / chante ____

____

____

5. Le soir elle est tellement fatiguée qu'elle ne peut plus rien faire elle-même. Elle fait
son mari prépare le dîner / ses enfants font la vaisselle ___________________________

____

____

6. Sa famille laisse
elle se repose / elle regarde la télé _____________________________________

____

____

IV. Le nouveau secrétaire. Mme Buron a des difficultés avec son nouveau secrétaire. Combinez les phrases de gauche avec un groupe de mots de droite, en mettant le deuxième verbe à l'infinitif.

1. le secrétaire oublie	a. il bavarde avec les autres employés
2. il préfère	b. il tape assez vite
3. il refuse	c. il lui sert du café
4. il n'arrive pas	d. il poste ses lettres
5. il fait semblant	e. il range les dossiers
6. il néglige	f. il travaille
7. Mme Buron essaie	g. elle diminue son salaire
8. elle menace	h. elle l'a engagé
9. elle regrette	i. elle le renvoie
10. elle finit par	j. elle trouve un autre secrétaire
11. elle décide	k. elle est patiente

1. ______________________________
2. ______________________________
3. ______________________________
4. ______________________________
5. ______________________________
6. ______________________________
7. ______________________________
8. ______________________________
9. ______________________________
10. ______________________________
11. ______________________________

V. Recette et mode d'emploi. Répétez la recette et le mode d'emploi suivants avec l'infinitif.

1. Pour faire une sauce béchamelle, vous faites fondre du beurre dans une casserole, vous ajoutez de la farine, vous mélangez bien, vous laissez cuire la farine un moment. Vous vous servez d'une cuillère en bois. Vous versez du lait chaud et vous tournez avec la cuillère. Quand la sauce est devenue épaisse, vous baissez le feu et vous ajoutez du sel, du poivre, du fromage râpé (*grated*).

____
____
____
____
____
____

2. Ce balladeur est délicat (*sensitive*). Ne l'exposez pas à la pluie ni au soleil. Utilisez des piles (*batteries*) de bonne qualité. Ne le laissez pas tomber. Ne le prêtez à personne.

VI. Vocabulaire. Dans les phrases suivantes, mettez les mots qui conviennent dans l'espace vide. Choisissez des mots de cette liste.

un associé	le congélateur	un avis
le bloc	interdire	le panier à linge
malgré	mépriser	tandis que
la récompense	le cahier de textes	la bougie
entasser	un autocollant	au moins
ramasser	au hasard	confier

1. Nicole est très désordonnée. Elle laisse ses vêtements sales par terre au lieu de les mettre dans ______.
2. Michel n'a pas pu faire ses devoirs parce qu'il avait oublié son ______.
3. Une équipe de volontaires ______ tous les vieux papiers et les boîtes de conserve qui traînaient dans la rue.
4. Mon père a dû partir très vite en voyage: il ______ quelques vêtements dans une valise et il a pris l'avion.
5. Quand je pars en vacances, je ______ mon chat adoré à ma voisine.
6. Notre chien a disparu. Nous mettons une annonce dans le journal avec promesse d'une forte ______.
7. Les parents de Patrick sont très laxistes, ______ les parents de Philippe sont plutôt stricts.
8. Pendant mon absence, mon cousin architecte a laissé la direction de son agence à son ______.
9. Bernadette a mis des ______ partout sur sa voiture.
10. Denise attrape des livres ______ sur l'étagère et les met dans sa musette.

VII. Traduction.

1. She spends her time reading. ______________________________

   ____

2. You forgot to write. ______________________________

   ____

3. Instead of crying, work. ______________________________

   ____

4. After he went up the Eiffel Tower, he refused to come down. ______________________________

   ____

5. Before doing your homework, study your lesson. ______________________________

   ____

6. Without looking at me, he left. ______________________________

   ____

   ____

VII. Contrastes. Comparez les deux chambres, la chambre de Prunelle et la chambre de Marion. Imaginez les goûts et les habitudes de ces deux jeunes filles.

la chaussette • les baskets • dépareillé (*unmatched*) • le tiroir • les affaires • un micro-ordinateur • ranger • l'armoire • la salière • la bougie • la mention (*inscription*) • suspendre • la bibliothèque (*bookcase*) • plier • avoir l'esprit clair • le coussin • le désordre • ramasser • le tapis • une étagère

Nom: ______________________________ Date: ______________________

Chapitre 14

Le futur

Première partie: exercices oraux

Faites ces exercices au laboratoire, sans cahier. Ecoutez le speaker, répondez aux questions, faites les transformations.

Deuxième partie: exercices oraux / écrits

Faites le travail de cette partie au laboratoire, avec votre cahier.

I. Prononciation.

1. **E muet au commencement d'un mot ou d'un groupe de mots. E est généralement prononcé.**

   De̲main, nous partirons. Re̲garde.

2. **E muet à l'intérieur d'un mot. E muet n'est pas prononcé entre deux consonnes.**

same̸di	(2 consonnes: **m-d**)
made̸moiselle	(2 consonnes: **d-m**)

   E est prononcé si on a plus de deux consonnes.

vendre̲di	(3 consonnes: **dr-d**)
probable̲ment	(3 consonnes: **bl-m**)

3. **E muet dans un groupe de mots. E tombe entre deux consonnes, et reste si on a plus de deux consonnes.**

   Contrastez:

pas de̸ pain /dp/	les pommes de̲ terre /mdət/
trop de̸ sucre /ds/	pour le̲ chat /ʀləʃ/
tout le̸ temps /lt/	avec de̲ l'argent /kdəl/

4. **E muet au futur. E tombe entre deux consonnes, et reste si on a plus de deux consonnes.**

   Contrastez:

j'aime̸rai /mʀ/	je montre̲rai /tʀəʀ/
tu donne̸ras /nʀ/	vous rentre̲rez /tʀəʀ/
vous se̸rez /sʀ/	ils fe̲ront /lfəʀ/

Exercice. Décidez si le **e** muet tombe ou s'il ne tombe pas dans les mots et les groupes de mots suivants. Le speaker vous donne la réponse. Répétez après le speaker.

	OUI	NON
j'ai le temps	______	______
il arrivera	______	______
un appartement	______	______
généralement	______	______
vous ferez	______	______
source de malentendus	______	______
rapidement	______	______
montrera	______	______
m'appellera	______	______
un port de pêche	______	______
du coin de l'œil	______	______
donneront	______	______

5. Le son /RR/. Certains futurs qui ont deux **r** dans leur orthographe, ou parce qu'un **e** muet tombe dans la prononciation, contiennent la géminée **rr**. On prononce comme un /R/ un peu plus fort.

   Contrastez:

/R/	/RR/
je courais	je courrai
tu mourais	tu mourras
il éclaira	il éclair**e̸**ra
vous serrez	vous serr**e̸**rez

6. Le group **-ess. Ess** se prononce /ɛs/ dans certains mots.

   essence   messe
   essentiel   cesse
   fesse

   Ess se prononce /əs/ dans certains mots.

   ressembler   dessous
   resserrer   dessus

7. Mots difficiles.

   accrocherons   niais
   alliances   qu'on en a
   éclabousseras   on se rencontrera

II. Dictée de sons. Le speaker prononce un mot. Vous choisissez et vous encerclez le mot que vous entendez. Le speaker vous donne la réponse.

	(1)	(2)	(3)
1.	guerre	gare	gars
2.	l'ennui	la nuit	la nouille
3.	l'œil	l'ail	La Haye
4.	le ton	le temps	l'attend
5.	âme	armes	homme
6.	Provence	province	Provins

III. Poème. Le speaker lit le poème. Ecoutez le poème lu en entier, ensuite répétez après le speaker.

La cigale et la fourmi

La cigale ayant chanté
Tout l'été,
Se trouva fort dépourvue
Quand la bise fut venue:
Pas un seul petit morceau
De mouche ou de vermisseau.
Elle alla crier famine
Chez la fourmi sa voisine
La priant de lui prêter
Quelque grain, pour subsister
Jusqu'à la saison nouvelle.
«Je vous paierai, lui dit-elle.
Avant l'août, foi d'animal.
Intérêt et principal.»
La fourmi n'est pas prêteuse:
C'est là son moindre défaut.
«Que faisiez-vous au temps chaud?
Dit-elle à cette emprunteuse.
—Nuit et jour à tout venant,
Je chantais, ne vous déplaise.
—Vous chantiez? J'en suis fort aise:
Eh bien! Dansez, maintenant!»

Jean de La Fontaine

la cigale *cicada* **la fourmi** *ant* **dépourvue** *deprived (of food)* **la bise** *cold wind* **la mouche** *fly* **le vermisseau** *worm* **crier famine** *to cry for food* **subsister** *to survive* **foi d'animal: foi d'homme** = *word of a gentleman* **prêteuse** *inclined to lend things* **emprunteuse** *borrower* **à tout venant** *at each occasion* **ne vous déplaise** *if you don't mind* **J'en suis fort aise** *I'm delighted*

IV. **Compréhension. Une vie impossible.** Avant de commencer, lisez le vocabulaire qui précède l'exercice. Ecoutez le dialogue suivant, qui sera lu deux fois. Ensuite, arrêtez la machine, et écrivez les réponses aux questions ci-dessous. Puis écoutez les réponses correctes.

une affiche poster
s'engager to enlist
être bien attrapé to be had

1. Qu'est-ce qu'Alain fera quand il aura fini ses devoirs? ______________________
____
2. Quel projet est-ce qu'Alain a fait avec son ami Philippe? ______________________
____
3. Qu'est-ce qu'Alain fera pour sa mère, quand il aura une minute? ______________________
____
4. Où est-ce qu'il prendra du pain? ______________________
____
5. Pourquoi est-ce qu'Alain n'a pas envie de faire toutes ces corvées pour son père et sa mère?
____
____
6. De quoi est-ce qu'Alain a assez? ______________________
____
7. Que dit l'affiche qu'Alain a vue à la poste? ______________________
____
8. Que va faire Alain? ______________________
____
9. Croyez-vous qu'Alain sera plus libre dans l'armée? Qui sera bien attrapé, Alain ou ses parents?
____
____

Troisième partie: exercices écrits

I. **Formes du futur et du futur antérieur.** Mettez les verbes suivants au futur, puis au futur antérieur.

MODÈLE: vous **dansez** *vous **danserez*** *vous **aurez dansé***

1. ils viennent ______________ ______________
2. tu réponds ______________ ______________
3. elle montre ______________ ______________
4. j'entre ______________ ______________
5. nous dormons ______________ ______________

6. c'est ______ ______
7. ils se regardent ______ ______
8. vous venez ______ ______
9. il va ______ ______
10. j'envoie ______ ______
11. nous ne savons pas ______ ______
12. tu veux ______ ______
13. elles écrivent ______ ______
14. vous pouvez ______ ______

II. Emploi du futur. Ecrivez les phrases suivantes au futur.

MODÈLE: Quand il **part, je pleure.**
*Quand il **partira**, je **pleurerai.***

1. Quand le peuple n'est pas content, il fait la révolution. ______
2. Il faut dire bonjour, quand le professeur entre. ______
3. Tu vois ce qui se passe? ______
4. Elles viennent dimanche. ______
5. Il s'assoit dans l'herbe et il s'endort. ______
6. Quand tu vois un coucher de soleil, est-ce que cela te fait plaisir? ______

III. Formes et emploi du futur. Mettez les verbes indiqués au temps qui convient dans le texte suivant.

cueillir	se lever	il faut
cultiver	avoir	vouloir
prendre	pouvoir	faire
se mettre	être	finir
courir	ça vaut	manger
aller	mourir	

Un professeur pense à la retraite. Il se dit: «Quand je ______ à la retraite, je ______ enfin me reposer. Je n' ______ pas besoin de me dépêcher; je ______ tard le matin, je n' ______ plus faire mes cours; je ne ______ plus pour attraper l'autobus. Je ne ______ plus en colère contre les élèves. Je ____________________ mon temps; je ____________________ mon jardin; je ____________________ mes roses et je ____________________ mes fraises. Et puis quand mes enfants ____________________ leurs études, j'____________________ de l'argent pour voyager, si je ne ____________________ pas malade bien entendu. Je ____________________ ce que je ____________________. Bien sûr, ____________________ penser à la mort ; je ____________________ un jour, comme tout le monde. Mais en attendant, ____________________ la peine. Vivement la retraite! (*May retirement come soon!*)»

IV. Voyage autour du monde. Faites des phrases au futur avec un groupe de la colonne de gauche et un groupe de la colonne de droite. Attention! Choisissez bien!

Modèle: (Quand nous) aller à Paris — voir la Tour Eiffel
*Quand nous **irons** à Paris, nous **verrons** la Tour Eiffel.*

1. (Quand je) aller en Chine
2. (Si tu) faire un voyage à Venise
3. (Quand tu) passer un mois à Hollywood
4. (Si tu) visiter l'Andalousie
5. (Si vous) traverser la Sibérie
6. (Quand tu) faire un séjour dans le Midi
7. (Si elle) aller à Moscou

a. écouter des guitaristes de flamenco
b. manger de la bouillabaisse
c. grimper sur la Grande Muraille
d. voir des plaines immenses et vides
e. passer sous le pont du Rialto
f. danser sur la Place Rouge
g. admirer les Universal Studios

1. ____
____
2. ____
____
3. ____
____
4. ____
____
5. ____
____
6. ____
____
7. ____
____

V. Concordance des temps. Transformez les phrases suivantes. Changez les temps des verbes selon la concordance des temps avec **quand** et d'autres expressions de temps.

MODÈLE: Quand je (gagner) de l'argent, je le (mettre) à la banque.
*Quand j'**ai gagné** de l'argent, je le **mets** à la banque.*
*Quand j'**avais gagné** de l'argent, je le **mettais** à la banque.*
*Quand j'**aurai gagné** de l'argent, je le **mettrai** à la banque.*

1. Lorsque le professeur (expliquer) la question pour la vingtième fois, les étudiants (comprendre) enfin. ______________________

2. Dès que les enfants (rentrer) de l'école, la maman (servir) le dîner. ______________________

3. Après que l'orateur (terminer) son discours, le public (applaudir). ______________________

4. Aussitôt qu'elle (apprendre) la nouvelle, elle (se mettre) à pleurer. ______________________

VI. Rêves d'avenir. Finissez les phrases avec des verbes au futur.

1. Si je gagne à la loterie, ______________________
2. Si tu réussis à ton examen, ______________________
3. Si son père lui prête son ordinateur, ______________________
4. Si vous trouvez du travail cet été, ______________________
5. Si je rencontre l'âme-sœur (*my soul mate*), ______________________

VII. Vocabulaire. Complétez les phrases suivantes avec des mots de la liste suivante.

une alliance	la lune de miel	rompre
cracher	un pont	n'importe où
épargner	se disputer	accrocher
la voile	le coup de foudre	l'espérance

1. Pour décorer ma maison, j'____________________ des posters partout.
2. Les deux amoureux se ____________________ et se sont séparés.
3. Pendant la Deuxième Guerre mondiale, peu de personnes en Europe ont été ____________________ .
4. Cette jeune femme est sûrement mariée: elle porte une ____________________ à la main gauche.
5. Ils se sont regardés et ils se sont aimés aussitôt: c'était le ____________________ .
6. Pouah! Ce fruit n'est pas mûr! —Eh bien, ____________________-le.
7. J'ai envie de partir à l'aventure, d'aller ailleurs, ____________________ .
8. A Paris, il y a plusieurs ____________________ qui permettent de traverser la Seine.

VIII. Traduction.

1. They will leave in ten minutes. ____

____
2. It will do the job. ____

____
3. Television entertains us. ____

____
4. The computer will ask questions. ____

____
5. Will you do my homework? ____

____

IX. Projets d'avenir. Regardez le dessin suivant. Décrivez les actions, les pensées des personnes représentées. Imaginez leur conversation. Vous pouvez utiliser le vocabulaire suggéré.

rêver à • famille nombreuse • animal familier • épouser • partager (*to share*) • tricoter (*to knit*) • peindre (*to paint*) • la musique • au moins • la mer • la montagne

Nom: ______________________ Date: ______________________

Le conditionnel

Première partie: exercices oraux

Faites ces exercices au laboratoire, sans cahier. Ecoutez le speaker, répondez aux questions, faites les transformations et les traductions.

Deuxième partie: exercices oraux / écrits

Faites le travail de cette partie au laboratoire, avec votre cahier.

I. Prononciation.

1. Le **-c** final. Généralement on prononce **-c** à la fin d'un mot.

sec	duc
chic	en vrac
lac	sac
roc	

Le **-c** final n'est pas prononcé dans les mots suivants.

tabac̸	blanc̸
estomac̸	franc̸
banc̸	tronc̸

2. Le **-f** final. Généralement on prononce **-f** à la fin d'un mot.

chef	œuf
chef-lieu	bœuf
neuf	serf
vif	

Exceptions: Le **-f** est prononcé **-v** en liaison dans les deux expressions: **neuf‿heures** et **neuf‿ans.**

Le **-f** final n'est pas prononcé dans les mots suivants.

clef̸	œuf̸s
chef̸-d'œuvre	bœuf̸s
Neuf̸château	cerf̸-volant *(kite)*
nerf̸	

3. Le **-s** final. Le **-s** final est généralement muet (sauf en liaison; voir page 163). Le **-s** final est prononcé dans quelques mots.

   a. **-as** /ɑs/.

   as *(ace)* vasistas *(small window over a door)*
   hélas Texas

   b. **-es** /ɛs/.

   Agnès licence ès lettres
   Attention: express

   c. **-eps** /ɛps/.

   biceps forceps

   d. **-is** /is/.

   bis tennis
   fils vis *(screw)*
   maïs Tunis
   oasis

   e. **-os** /os/.

   albatros Eros
   albinos Calvados

   f. **-us** /ys/.

   autobus Vénus
   terminus campus

   g. **-ens** /ɑ̃s/.

   sens

   h. Autres finales en **-s.**

   Le mot **ours** *(bear)* se prononce /uʀs/.
   Les noms **Reims** se prononce /ʀɛ̃s/.
   Saint-Saëns se prononce /sɛ̃sɑ̃s/.
   Rubens se prononce /ʀybɛ̃s/.
   Le mot **os** *(bone)* se prononce /ɔs/ au singulier et /o/ au pluriel.
   Le mot **mas** *(a farm in Provence)* se prononce /mɑs/ ou /mɑ/.

4. La lettre **t.** L'orthographe **t** se prononce /t/. L'orthographe **th** se prononce /t/.

   athée théâtre

   a. Le **-t** final est généralement muet.

   tou~~t~~ aspe~~ct~~ respe~~ct~~

   b. Le **-t** final est prononcé dans les mots suivants.

   est dot
   ouest net
   se~~p~~t zut
   huit Proust
   brut Brest
   chut

c. Dans les mots suivants on a le choix.

un but *(purpose)* /byt/ ou /by/ — août *(August)* /ut/ ou /u/
un fait *(fact)* /fɛt/ ou /fɛ/

d. Notez la prononciation de

asthme /asm/ — isthme /ism/

e. Le **t** intérieur est généralement muet dans les composés de **Mont-**.

Montmartre Montréal

5. Mots difficiles.

Maxime Le Forestier	coups de matraque
école buissonnière	montrerais
faux-bond	s'éloigner

6. Prononciation des conditionnels. La différence entre le futur **j'irai** et le conditionnel **j'irais** est très faible. **J'irai** et toutes les 1ères personnes du singulier du futur sont prononcées avec un **e** fermé /e/ très proche d'un **-i. J'irais** et tous les conditionnels en **-ais, -ait, -aient** sont prononcés avec un **e** ouvert /ɛ/. Dans la conversation, la différence ne s'entend pas. C'est le contexte qui indique si on a un futur *(I shall go)* ou un conditionnel *(I would go)*. Le conditionnel est accompagné d'une proposition avec **si**.

A la 1ère et à la 2ème personne du pluriel, on a les groupes **-rions** /ʀjɔ̃/ et **-riez** /ʀje/ pour tous les verbes.

j'irai	j'irais
nous irions	vous iriez
nous ferions	vous feriez
nous serions	vous seriez
nous parlerions	vous parleriez

II. Dictée de sons. Le speaker prononce un mot. Vous choisissez et vous encerclez le mot que vous entendez. Le speaker vous donne la réponse.

	(1)	(2)	(3)
1.	sens	sans	cents
2.	n'est	naît	net
3.	reins	Reims	rênes
4.	c'est rien	serions	sérieux
5.	mince	messe	mas
6.	hausse	os	ose

III. Dictée. Le speaker lit la dictée deux fois. La première fois, vous écoutez. La deuxième fois, écrivez!

___

___

___

___

___

IV. **Compréhension. La sœur jumelle.** Avant de commencer, lisez le vocabulaire qui précède l'exercice. Ecoutez l'histoire suivante, qui sera lue deux fois. Ensuite, arrêtez la machine, et écrivez les réponses aux questions ci-dessous. Puis écoutez les réponses correctes.

la corvée ménagère household chore **la fée** fairy

1. Pourquoi est-ce que Catherine s'ennuie? ______
2. Qu'est-ce que Catherine voudrait avoir? ______
3. Qu'est-ce que la sœur jumelle ferait, à la place de Catherine? ______
4. Est-ce que d'autres personnes verraient Joséphine? ______
5. Qui réalise le rêve de Catherine? ______
6. Est-ce que Joséphine va à l'école à la place de sa sœur? ______
7. Pourquoi est-ce que Catherine est punie? ______
8. Pourquoi est-ce que Catherine a du chagrin? ______
9. Qu'est-ce que Catherine n'aurait pas fait, si elle avait su? ______
10. Comment se termine l'histoire? ______

Troisième partie: exercices écrits

I. **Formes du conditionnel.** Ecrivez les verbes suivants au conditionnel présent et au conditionnel passé.

MODÈLE: nous **prenons** *nous prendrions* *nous aurions pris*

1. vous entendez ______ ______
2. tu vas ______ ______

3. nous sommes ______________________ ______________________
4. ils viennent ______________________ ______________________
5. je montre ______________________ ______________________
6. ils applaudissent ______________________ ______________________
7. je ne peux pas ______________________ ______________________

II. Une société parfaite. Dans le paragraphe suivant, mettez les verbes au temps convenable: imparfait ou conditionnel présent.

Un jeune homme rêve: «Si un jour je (pouvoir) ________________ réaliser mon rêve, je (créer) ________________ une communauté. Chacun (travailler) ________________ dans sa spécialité et (produire) ________________ quelque chose pour l'usage de tous. (Il y a) ________________ ceux qui (cultiver) ________________ la terre; ceux qui (fabriquer) ________________ des vêtements, des chaussures, des objets d'art; d'autres (aller) ________________ vendre à la ville les produits de la communauté et avec l'argent (acheter) ________________ ce qu'on ne (pouvoir) ________________ pas fabriquer. Nos besoins (être) ________________ simples et nous (se contenter) ________________ de peu.»

—Et toi, qu'est-ce que tu (faire) ________________ ?

—Moi, je (diriger) ________________ , je (commander) ________________ .

III. Regrets. Dans le paragraphe suivant, mettez les verbes au temps convenable: le plus-que-parfait ou le conditionnel passé.

Un homme d'affaires, à la fin de sa carrière, rêve: «Si je (savoir) ________________ ________________, au lieu de devenir un homme d'affaires, je (devoir) ________________ ________________ choisir une carrière artistique. Je (ne pas avoir besoin) ________________ ________________ de tant travailler. Je (pouvoir) ________________ rêver, me lever tard. Je (faire) ________________ des peintures magnifiques que je (vendre) ________________quand (il me faut) ________________de l'argent pour vivre. Si je (choisis) ________________ la vie d'artiste, je (ne pas avoir) ________________de tension *(high blood pressure)* maintenant. Ce (être) ________________ merveilleux de vivre comme cela.»

IV. Reproches. Mettez la forme qui convient du conditionnel présent ou du conditionnel passé du verbe **devoir** (forme positive ou forme négative).

1. Tu as raté ton examen? Tu ________________ étudier davantage, tu ________________ ________________ regarder la télé tous les soirs, tu ________________ te coucher plus tôt la veille.

2. Vous êtes trop grosse, madame, vous ____________________ faire de la gymnastique, vous ____________________ suivre un régime, vous ____________________ manger tant de pain et tant de pommes de terre.

V. Conséquences logiques. Certaines conséquences auraient pu être évitées, si les personnes suivantes avaient fait certaines choses. Combinez les groupes de la colonne de gauche avec un groupe de la colonne de droite suivant le modèle.

MODÈLE: Patrick a déchiré son jean — il est allé au supermarché pour en acheter un autre.
*Si Patrick **avait déchiré** son jean, il **serait allé** au supermarché pour en acheter un autre.*

1. Gabrielle et sa mère ont eu des amis à Montréal
2. Vous avez été à la place de Prunelle
3. Marius a su que Fanny était enceinte
4. Daniel a eu les cheveux longs
5. La petite sirène n'est pas tombée amoureuse du prince

a. il l'a épousée.
b. il est allé chez le coiffeur.
c. elle n'a pas souhaité avoir des jambes.
d. vous avez dit merci à la femme de ménage?
e. elles n'ont pas rendu visite au vieux cousin.

1. ____
____
2. ____
____
3. ____
____
4. ____
____
5. ____
____

VI. Vocabulaire. Complétez les phrases suivantes avec des mots de la liste.

conseiller	se battre	se fabriquer
agiter	se révolter	faire l'école buissonnière
argot	jumeaux	Qu'est-ce que tu fabriques?
célibataire	solitaire	Où veux-tu aller?
beaux-frères		

1. Quand on parle ____________________ on dit «bouquin» au lieu de «livre», «bosser» au lieu de «travailler», «un flic» au lieu de «un agent de police», etc.
2. Le vent ____________________ joyeusement les drapeaux, le jour du 14 juillet.
3. Michel et François se ressemblent comme deux gouttes d'eau. Bien sûr! Ils sont ____________________.

4. Beaucoup de gens à notre époque ne se marient pas et préfèrent rester ____________________ plutôt que de fonder une famille.
5. Après mon accident j'ai consulté un avocat et il m'a ____________________ de faire un procès.
6. Pauline a décidé de faire un gâteau. Elle a tout sorti du frigo et des placards. Sa mère est entrée dans la cuisine et a dit « ____________________ ?»
7. Je connais un jeune couple qui cherche des occasions de ____________________ pour avoir le plaisir de se réconcilier.
8. Le roi de ce pays d'Afrique était un tyran. Le peuple ____________________ pour obtenir un régime plus démocratique.

VII. Traduction.

1. How about going out tonight? ____________________
____
2. He could not do it. ____________________
____
3. Would you please shut the door?
____
____
4. You should eat. ____________________
____
5. You should have eaten. ____________________
____
6. If I had known. ____________________
____
7. I would have come. ____________________
____

VIII. L'école buissonnière. Regardez le dessin suivant. Décrivez la scène et imaginez les actions, les conversations, les pensées des personnes représentées. Vous pouvez utiliser le vocabulaire suggéré.

partager • inquiète • les jumeaux • une manifestation • une pancarte • un slogan • s'éloigner • faire l'école buissonnière • une chanson • composer • solitaire • la poubelle

Nom: ______________________ Date: ______________________

Chapitre 16

Le subjonctif

Première partie: exercices oraux

Faites ces exercices au laboratoire, sans cahier. Ecoutez le speaker, répondez aux questions, faites les transformations.

Deuxième partie: exercices oraux / écrits

Faites le travail de cette partie au laboratoire, avec votre cahier.

I. Prononciation.

1. Le son /y/. Le son /y/ est écrit **u.** Arrondissez et projetez les lèvres comme pour prononcer **ou** /u/. Avec les lèvres dans cette position, essayez de prononcer un /i/. Le résultat est /y/.

tu	sûre
fumes	mur
lune	prune

2. Contrastez:

/i/	/y/	/u/
si	su	sous
ti	tu	tout
lit	lu	loup
mi	mu	mou
fit	fut	fou

3. Les orthographes **ui et oui.** Le groupe **ui** /ɥi/ est prononcé à partir de **u** /y/. Le groupe **oui** /wi/ est prononcé à partir de **ou** /u/.

Contrastez:

/ɥi/	/wi/
lui	Louis
enfui	enfoui
nuit	inouï

4. Les orthographes **ué** et **oué**. Il y a la même différence entre ces groupes qu'entre **ui** et **oui**. Pour **ué** /ɥe/ on part de **u** /y/. Pour **oué** /we/, on part de **ou** /u/.

   Contrastez:

/ɥe/	/we/
suer	souhait
buée	bouée
tué	troué
ruelle	rouelle

   Répétez en contrastant:

lueur	loueur
tua	troua

5. Prononciation des subjonctifs.

   a. /ɛ/.

que j'aie	qu'il ait
que tu aies	qu'ils aient

   Attention: que vous ayez /eje/

   b. /aj/.

que j'aille	qu'ils aillent
que tu ailles	de l'ail (*garlic*)
qu'il aille	

   Attention: que vous alliez /alje/

   c. /wajj/.

croyions	croyiez
voyions	voyiez

6. Mots difficiles.

cueillir	rejoigne
clown	asthme
seringue	éther
s'éparpillent	interview
humour	humeur

II. **Dictée de sons.** Le speaker prononce un mot. Vous choisissez et vous encerclez le mot que vous entendez. Le speaker vous donne la réponse.

	(1)	(2)	(3)
1.	ayez	alliez	aille
2.	aile	aille	aient
3.	bruit	brouille	buis
4.	souhait	souille	suer
5.	buée	bouée	boue

III. Dictée. Le speaker lit la dictée deux fois. La première fois, vous écoutez. La deuxième fois, écrivez!

IV. Compréhension. La perruche malade. Ecoutez le dialogue suivant, qui sera lu deux fois. Ensuite, arrêtez la machine, et écrivez les réponses aux questions ci-dessous. Puis écoutez les réponses correctes.

1. De quoi est-ce que Christian a peur?
2. Pourquoi Régine veut-elle emmener sa perruche chez le docteur Guéritout?
3. Pourquoi est-ce que Christian doute qu'une visite chez le vétérinaire soit nécessaire?
4. Est-il fréquent qu'une perruche vive plus de dix ans?
5. Qu'est-ce qui est arrivé à Sophie pendant que Régine et Christian se disputaient?
6. Que suggère Christian pour consoler Régine?
7. Où faut-il qu'ils enterrent la perruche?
8. Quel remède est-ce que Christian propose à Régine pour lui faire oublier son chagrin?

Troisième partie: exercices écrits

I. **Formes du subjonctif présent et passé.** Donnez le présent et le passé du subjonctif des verbes suivants.

MODÈLE: j'entends *que j'**entende*** *que j'**aie entendu***

1. tu viens ______________ ______________
2. vous allez ______________ ______________
3. nous parlons ______________ ______________
4. il finit ______________ ______________
5. je peux ______________ ______________
6. elle sait ______________ ______________
7. nous voulons ______________ ______________
8. ils prennent ______________ ______________
9. je fais ______________ ______________
10. tu arrives ______________ ______________
11. elle a ______________ ______________
12. nous sommes ______________ ______________
13. il pleut ______________ ______________
14. vous choisissez ______________ ______________
15. ils vendent ______________ ______________

II. **Emploi de l'indicatif ou du subjonctif.** Récrivez les phrases suivantes avec le verbe suggéré.

1. Il arrivera à l'heure.
   (j'espère) ______________
   (je doute) ______________
2. Vous vous couchez tard.
   (elle ne veut pas) ______________
   (nous pensons) ______________
3. Ses parents la laisseront vivre seule à 18 ans.
   (il est probable) ______________
   (il est possible) ______________
4. Les étudiants font des phrases magnifiques.
   (le professeur adore) ______________
   (le professeur croit) ______________
5. Nous ne pouvons pas sortir ce soir.
   (c'est dommage) ______________
   (c'est évident) ______________

6. Vous êtes venus à notre soirée par obligation.
   (j'ai l'impression) ______________________________
   (je suis désolé) ______________________________

III. Emploi du subjonctif passé. Combinez les groupes de mots suivants en une seule phrase.

MODÈLE: Je suis contente / **vous avez fini** de vous plaindre.
*Je suis contente **que vous ayez fini** de vous plaindre.*

1. Il est possible / il s'est trompé d'adresse. ______________________________
2. Je doute / elle a oublié. ______________________________
3. Attendez / nous avons terminé. ______________________________
4. C'est dommage / ils ont divorcé. ______________________________
5. Elle regrette / vous êtes parti sans l'attendre. ______________________________
6. Le professeur ne croit pas / nous avons écrit nos rédactions tous seuls. ______________________________

IV. Le subjonctif avec des conjonctions. Complétez les phrases suivantes.

1. Bien qu'elle (avoir) ____________ un emploi absorbant, elle a le temps d'écrire des poèmes.
2. Nous sortirons à moins qu'il (faire froid) ____________ .
3. Ils ont couru jusqu'à ce qu'ils (ne pouvoir) ____________ plus respirer.
4. La vedette se cache de peur qu'on l'(interviewer) ____________ .
5. Ils sont partis sans qu'on les (voir) ____________ .
6. Il travaille avant que le dîner (être) ____________ prêt.

V. Vocabulaire. Dans les phrases suivantes, mettez les mots qui conviennent dans l'espace vide. Choisissez des mots de cette liste.

la loge	renoncer à	un terrain
la caisse	mentir	une interview
la douceur	l'humour	songer à
l'humeur	renoncer	faire une piqûre
se droguer	la terre	la désapprobation
s'occuper	s'emparer	faire une prière

1. Si vous ne dites pas la vérité, vous ____________.

2. Beaucoup de jeunes gens ______________________ à la marijuana, à la cocaïne.
3. Ils cherchent ______________________ pour faire construire une maison.
4. Nous n'avons pas assez d'argent pour aller en Australie cet été; il faut ______________________ ce voyage.
5. Ce chien n'a pas bon caractère. Il semble toujours de mauvaise ______________________.
6. L'artiste se maquille et s'habille dans sa ______________________.
7. Si je fais quelque chose de mal, mes parents me regardent avec ______________________.
8. Je suis entré dans la chapelle et ______________________ à l'intention de mon professeur qui est malade.
9. Cet artiste répond toujours avec ______________________ aux questions indiscrètes des reporters.
10. Quand j'ai eu une pneumonie, on m'a ______________________ de pénicilline.

VI. Traduction.

1. What do you want me to do? ______________________
2. I have to go to my dressing room. ______________________
3. Wherever he is, he faints. ______________________
4. I am hurt that you did not say anything. ______________________
5. You don't take me seriously. ______________________

VII. Dans le couloir du métro. Regardez le dessin suivant. Décrivez les actions, les pensées et les conversations des personnes représentées. Vous pouvez utiliser le vocabulaire suggéré.

un aveugle • guider • une canne blanche • faire des grimaces • se répandre • la radiocassette • les larmes • couler • une voiture d'enfant • une affiche • immobilière • vente de terrain • faire un emprunt à la banque • être pressé • le singe

Nom: ______________________ Date: ______________________

Le possessif

Première partie: exercices oraux

Faites ces exercices au laboratoire, sans cahier. Ecoutez le speaker, répondez aux questions, faites les transformations.

Deuxième partie: exercices oraux / écrits

Faites le travail de cette partie au laboratoire, avec votre cahier.

I. Prononciation.

1. Le **a** antérieur se prononce /a/. La plus grande partie des **a** sont antérieurs. Le **a** est prononcé très ouvert. Il est proche de /ɛ/.

   Madame   animal   radical

   Les orthographes **em, en, el** représentent le son /a/ dans les mots suivants.

   femme
   poêle (*f. frying pan; m. stove*)
   moelle (*marrow*)
   solennel
   évidemment[1]
   patiemment
   ardemment

2. Le **a** postérieur (prononcé /ɑ/) est rare. Il est prononcé dans la partie arrière de la bouche. Il est proche de /ɔ/. On le remarque dans des mots parallèles à des mots en **a** antérieur.

   a. Contrastez:

/a/	/ɑ/
Anne	âne (*donkey*)
patte (*paw*)	pâte (*paste, noodle*)
tache (*spot*)	tâche (*duty*)
halle (*market*)	hâle (*suntan*)
balle (*ball*)	Bâle (*Basel*)
malle (*trunk*)	mâle (*male*)
matin (*morning*)	mâtin (*mastif*)
chasse (*hunt*)	châsse (*shrine*)

[1]tous les adverbes en **-emment**

b. On entend **a** postérieur dans des mots isolés.

pas (*m. step;* ou la négation)
passe
diable (*devil*)
sable (*sand*)
fable
rare

3. Contrastez:

/ə/	/a/
il le dit	il l'a dit
il le fait	il l'a fait
il le voit	il la voit
il le prend	il la prend

4. Contrastez:

/a/	/ɛ/
mal	mêle
balle	belle
salle	celle
parle	perle
vaste	veste

5. Contrastez:

/a/	/ɔ/
malle	molle
bal	bol
dague	dogue
tard	tord

6. Contrastez:

/a/	/œ/
car	cœur
salle	seule
Jeanne	jeune
part	peur
Sarre	sœur

7. Mots difficiles.

Martin-Leduc
Yves La Madière
une bonbonnière
une miniature
il suait à grosses gouttes
entrebaillées
la corbeille de la mariée
une boîte de cuir rouge

II. Dictée de sons. Le speaker prononce un mot. Vous choisissez et vous encerclez le mot que vous entendez. Le speaker vous donne la réponse.

	(1)	(2)	(3)
1.	balle	Bâle	belle
2.	il la prend	il le prend	il l'apprend
3.	gêne	Jean	Jeanne
4.	molle	malle	mâle

III. Poème. Le speaker lit le poème. Ecoutez le poème, lu en entier, puis répétez après chaque pause.

Dualisme

Chérie, explique-moi pourquoi
tu dis: «MON piano, MES roses»,

et «TES livres, TON chien» . . . pourquoi
je t'entends déclarer parfois:
«c'est avec MON argent A MOI
que je veux acheter ces choses.»

Ce qui m'appartient t'appartient!
Pourquoi ces mots qui nous opposent:
le tien, le mien, le mien, le tien?
Si tu m'aimais tout à fait bien,
tu dirais: «LES livres, LE chien»,
et «NOS roses.»

Pául Géraldy*

* Extrait de Paul Géraldy: *Toi et moi*, reproduit avec la permission des Editions Stock.

IV. Compréhension. Une bonne leçon. Avant de commencer, lisez le vocabulaire qui précède l'exercice. Ecoutez le dialogue suivant, qui sera lu deux fois. Ensuite, arrêtez la machine, et écrivez les réponses aux questions ci-dessous. Puis écoutez les réponses correctes.

soigneuse careful
abîmé in bad condition, ruined
Ce que tu es chou! What an angel you are!

1. Qu'est-ce que Monique demande à sa sœur, pour son week-end de ski? ________________
____

2. Est-ce que Monique est très soigneuse? ________________________________
____

3. Dans quel état est-ce que Monique a rendu les objets qu'elle avait empruntés? __________
____

4. Qu'est-ce que Monique promet à sa sœur, si elle lui prête ses affaires? ______________
____

5. Pouvez-vous nommer quelques-uns des objets dont Monique a besoin? ______________
____

6. Pourquoi est-ce que Chantal n'est pas tranquille de prêter ces objets à sa sœur? __________
____

7. Qu'est-ce que Chantal demande à sa sœur de lui prêter, en échange? ______________
____

8. Qui va aller faire du ski? ____
____

Troisième partie: exercices écrits

I. Formes de l'adjectif possessif. Mettez l'adjectif possessif qui correspond au sujet du verbe.

1. Marie n'aime pas penser à ____________________ anniversaire.
2. Je m'occupe toujours de ____________________ affaires.
3. Elles gagnent bien ____________________ vie.
4. Nous n'avons pas amené ____________________ chien.
5. Tu me donneras ____________________ adresse.
6. Philippe est fou de ____________________ femme.
7. Cette ville est très belle: ____________________ jardins et ____________________ cathédrale du XIIème siècle sont magnifiques.

II. L'adjectif possessif, l'article et les parties du corps. Dans les phrases suivantes, remplacez les tirets par un article ou un adjectif possessif.

MODÈLE: Il a mis __________ main dans __________ poche.
*Il a mis **sa** main dans **sa** poche.*

1. Elle s'est coupé __________ cheveux.
2. Fermez __________ yeux.
3. Il a mis __________ chapeau sur __________ tête.
4. Elle s'est cassé __________ jambe.
5. Tu t'es maquillé __________ yeux.
6. Va te laver __________ mains.
7. Il a mal à __________ tête.
8. Elle s'est coupé __________ doigt.
9. Le docteur lui a bandé __________ main gauche.
10. __________ main droite va très bien.

III. Le pronom possessif. Remplacez les expressions entre parenthèses dans la conversation suivante par un pronom possessif.

MODÈLE: Elle parle de ses problèmes et lui (de ses problèmes).
*Elle parle de ses problèmes et lui **des siens.***

—Voyons, dit Jacques. Tu ne m'écoutes pas. Je te raconte mes difficultés et tu ne penses qu'(à tes difficultés) ____________________ . Quel égoïsme! Tu pourrais quand même de temps en temps oublier tes soucis et écouter (mes soucis) ____________________ .

—Pas du tout, dit Jacqueline, c'est toi qui ne t'intéresses qu'à tes ennuis et jamais (à mes ennuis) ____________________ .

—Nous n'en sortirons pas, dit Jacques. Allons voir un conseiller familial. Nous lui parlerons de tes problèmes et (de mes problèmes) ____________________ . J'en connais un excellent. Georges et Georgette lui ont confié (leurs problèmes) ____________________ .

—Je ne suis pas d'accord, dit Jacqueline. Ton cas et (mon cas) ____________________ sont très différents. Nous ne pourrons jamais nous réconcilier. D'ailleurs ma famille et (ta famille) ____________________ se sont toujours disputées.

—Eh bien, divorçons. Tu referas très bien ta vie et moi (ma vie) ____________________ .

—Comment? Jamais! J'aime trop nos disputes.

IV. Vocabulaire. Dans les phrases suivantes, mettez les mots qui conviennent dans l'espace vide. Choisissez des mots de cette liste.

rejoindre	défiler	murmurer
remerciements	gâté	réjouir
un amateur	la politesse	goûté
reconnaissant	le décorateur	oser
aimable	la chapelle	sans cérémonie
un antiquaire	aimé	

1. Quand on vous fait un cadeau, vous envoyez un mot de ____________________.
2. Le 14 juillet, les soldats ____________________ sur les Champs-Elysées.
3. Après la messe, venez nous ____________________ au restaurant.
4. Vous nous invitez à dîner? Vous êtes bien ____________________.
5. Ils m'ont rendu un grand service. Je suis tout à fait ____________________.
6. J'ai trouvé une magnifique chaîne en or du XVIIIème siècle chez un ____________________ ____________________.
7. Ces enfants ont tout ce qu'ils désirent: ils sont trop ____________________.
8. Son oncle est un grand ____________________ d'œuvres d'art. Il collectionne les objets rares.
9. Après la cérémonie, la mariée est allée déposer son bouquet à ____________________ ____________________.
10. Ce mariage a eu lieu très simplement; peu d'invités, pas de musique, quelques fleurs. C'est un mariage ____________________.

V. Traduction.

1. She is embarrassed. ____________________
2. He lost his head. ____________________
3. What is the bride's dress made of? ____________________ ____________________
4. Mine was made of silk. ____________________
5. Peter broke his leg. ____________________
6. My regards to your family. ____________________
7. A friend of mine. . . ____________________

VI. Un mariage. Regardez le dessin suivant. Décrivez les actions, les pensées des personnes représentées. Imaginez leur conversation. Vous pouvez utiliser le vocabulaire suggéré.

la mariée • le marié • les félicitations • les remerciements • le cadeau • un amateur d'art • au fond de • la statue • le service à porto • la bonbonnière en argent • se précipiter • se tenir par la main • se serrer la main • s'embrasser • le collier en or • la nappe • tirer (*to pull*)

Nom: Awina Lo Date: May 6th 2001

Les pronoms relatifs

Première partie: exercices oraux

Faites ces exercices au laboratoire, sans cahier. Ecoutez le speaker, répondez aux questions, faites les transformations.

Deuxième partie: exercices oraux / écrits

Faites le travail de cette partie au laboratoire, avec votre cahier.

I. Prononciation.

1. Le **-p** final ou intérieur. **P** ne se prononce pas dans les mots suivants.

   loup   septième
   coup   baptême
   drap   sculpter
   temps   compter
   champ   dompter

   Le **-p** final se prononce dans les mots suivants.

   cap   stop   croup

2. Le lettre **x**. On prononce cette lettre généralement comme en anglais.

   a. Le **x** se prononce /ks/ dans les mots suivants.

   taxi   Texas
   vexer   Mexique
   excellent

   b. Le **x** se prononce /gz/ dans les mots suivants.

   exact   exister
   examen   exode
   exagère

   c. Le **x** se prononce /s/ dans les mots suivants.

   Bruxelles   soixante   six   dix

d. Le **x** se prononce /z/ dans les mots suivants.

deuxième dixième
sixième dix-huit

3. Le **-g** final.

a. le **-g** final est généralement muet.

long rang poing (*fist*)
sang doigt coing (*quince*)

b. Le **-g** final est prononcé dans les mots suivants.

grog (*hot toddy*) gag
gang gong /gɔ̃/ ou /gɔ̃g/

4. Les groupes **gue, gua, gui.**

a. Le groupe **gue** est prononcé /g/.

fatigue algue langue guenon

b. Le groupe **guë** avec le tréma sur le **e** est prononcé /gy/.

aiguë /egy/ (*sharp*)

c. Le group **gua** se prononce /ga/.

fatigua dragua relégua

Attention: Dans les mots suivants **gua** est prononcé /gwɑ/.

Guadeloupe jaguar

d. Le groupe **gui** se prononce /gi/.

gui (*mistletoe*) guirlande
guitare anguille

Le groupe **gui** se prononce /gɥi/ dans les mots suivants.

aiguille (*needle*) linguiste

5. Le **s** intérieur. Le **s** intérieur ne se prononce pas dans les mots suivants et dans les relatifs.

Deschamps lesquels
Mesnil desquels

Le **s** intérieur se prononce dans les mots suivants.

resquiller esquisser presque

6. Le groupe **mn** se prononce /mn/ dans les mots suivants.

insomnie somnifère hymne
somnambule gymnastique

Le groupe **mn** se prononce /n/ dans les mots suivants.

automne condamner
damner condamnation

7. Le groupe **mm** se prononce /m/ dans les mots suivants.

immense femme

Attention: Parfois le premier **m** aide à former une voyelle nasale.

immangeable emmener emménager

8. Mots difficiles.

Françoise Giroud	côtelettes d'agneau
essentiellement	l'argenterie
aux Etats-Unis	un établissement
un héros de Corneille	bien-pensant

II. Dictée de sons. Le speaker prononce un mot. Vous choisissez et vous encerclez le mot que vous entendez. Le speaker vous donne la réponse.

	(1)	(2)	(3)
1.	gang	gangue	gag
2.	vogue	vogua	vague
3.	aigue	aiguille	aiguë
4.	longue	long	longe

III. Dictée. Le speaker lit la dictée deux fois. La première fois, vous écoutez. La deuxième fois, écrivez!

____

____

____

____

____

____

____

____

____

____

____

IV. Compréhension. Une bonne nouvelle. Avant de commencer, lisez le vocabulaire qui précède l'exercice. Ecoutez le dialogue suivant, qui sera lu deux fois. Ensuite, arrêtez la machine, et écrivez les réponses aux questions ci-dessous. Puis écoutez les réponses correctes.

les bibelots knickknacks
la virgule comma

1. Pourquoi est-ce que l'oncle d'Amérique envoie de l'argent à Françoise et à sa mère? ________

   ____

2. Qu'est-ce qu'elles vont pouvoir payer? ______________________________

   ____

3. Qu'est-ce qu'elles vont pouvoir garder? ______________________________

   ____

4. Entre quelles études est-ce que Françoise hésite? ____________________

5. Combien d'argent est-ce que Mme Giroud croit que son oncle lui a envoyé? ____________________

6. Combien a-t-il envoyé en réalité? ____________________

7. Quelle erreur est-ce que Mme Giroud a faite? ____________________

8. Que va faire Françoise et quelle occupation va-t-elle avoir? ____________________

Troisième partie: exercices écrits

I. **Formes des pronoms relatifs.** Reliez les phrases données avec un pronom relatif (**qui, que, dont,** etc.).

MODÈLE: C'est un sujet. Il ne parle jamais de ce sujet.
C'est un sujet **dont** *il ne parle jamais.*

1. J'ai acheté un tableau. Il a reçu le prix de Rome. ____________________
2. Voilà un bon travail. Vous pouvez en être content. ____________________
3. Il a un frère. Il ne s'entend pas avec lui. ____________________
4. Elle boit beaucoup. Je trouve cela très déplaisant. ____________________
5. J'ai des amis. Parmi ces amis, il y a beaucoup d'étrangers. ____________________
6. Elle a perdu le livre. Je lui avais prêté ce livre. ____________________
7. Ils se sont perdus dans la montagne. Cela aurait pu être sérieux. ____________________
8. Dans un magasin j'ai vu un bijou. J'ai envie de ce bijou. ____________________
9. C'est une plaisanterie. Je ne la trouve pas drôle. ____________________
10. Ils ont acheté une maison. Derrière cette maison il y a un grand jardin. ____________________

II. Une invitation. Dans le texte suivant mettez le pronom relatif qui manque.

1. La maison ___que___ nous venons d'acheter est charmante. Elle a d'énormes qualités, parmi ___lesquelles___ la plus appréciable est son emplacement. ___Ce qui___ nous a séduits immédiatement, c'est le calme du quartier.
2. Nous avons emménagé (*moved in*) mardi. Nous avons apporté tous nos meubles, ___dont___ la plupart se trouvaient dans un garde-meubles depuis longtemps. Les anciens propriétaires, ___qui___ quittaient la région, nous ont laissé beaucoup de choses, surtout des outils de jardinage, ___que___ nous apprécions beaucoup, car c'est souvent ruineux, quand on change de maison, d'acheter tout ___ce qui___ manque, tout ___ce qu'___ on a besoin.
3. Nous montrons notre maison à chaque personne ___qui___ veut la voir. Nous allons organiser une petite soirée ___qui___ célèbrera notre acquisition de la nouvelle maison, ___dont or de laquelle___ nous sommes si fiers. Venez donc jeudi, à l'heure ___qui___ vous conviendra. Apportez ___ce que___ vous voudrez.

III. Qui est-ce? Dans les paragraphes suivants, mettez le pronom relatif qui convient et devinez la personne qui est décrite.

1. L'homme ___dont___ je parle a découvert un vaccin important, ___qui___ permet aux animaux domestiques et aux humains de ne pas attraper une maladie ___qui___ autrefois était terrible, et ___dont___ on mourait, si on était mordu par un animal malade ___que___ (c.o.) l'on rencontrait.

   Personnalité décrite: ______________________
2. Cette petite fille, ___dont___ les cheveux blonds et bouclés sont célèbres, est connue pour les films dans ___lesquels___ elle a joué, chanté, dansé. Devenue adulte, elle a abandonné une carrière grâce à ___laquelle___ elle avait enchanté le public américain; la profession ___qu'___ elle a choisie est toute différente: elle est devenue ambassadrice, ___ce qui___ prouve qu'on peut être actrice et avoir aussi d'autres talents. *Personnalité décrite:* ___Shirley Temple___
3. Cet homme a construit à Paris, ___où___ il a vécu, un monument ___qui___ est le symbole de cette ville, sur ___lequel___ tous les touristes veulent monter, ___d'où___ on voit tout Paris en panorama, et ___dont___ chacun aime avoir une petite reproduction.

   Personnalité décrite: ___Stuff eiffle___

4. C'est un jeune homme qui écrit et chante des chansons très populaires, dont les disques se vendent par millions, que l'on voit souvent à la télé entouré de sa famille, dont les jeunes filles sont folles, ____________ le Président a reçu à la Maison Blanche, et qui porte un seul gant garni de diamants.

____

IV. **Pendant / pour.** Dans les phrases suivantes, mettez le mot qui convient pour traduire *for.*

1. Françoise a vécu ____________ toute son enfance dans une propriété avec beaucoup de domestiques.
2. Sa famille louait une maison au bord de la mer ____________ l'été.
3. Son père avait été chargé d'une mission et partit ____________ plusieurs années aux Etats-Unis.
4. La cuisinière a travaillé ____________ des heures pour réussir ce gâteau magnifique.
5. Les pensionnaires restaient à la pension ____________ des semaines sans voir leurs parents.
6. Ces jeunes parents qui travaillent ont engagé une gouvernante ____________ trois ans, jusqu'à ce que leur enfant puisse aller à l'école.

V. **Vocabulaire.** Dans les phrases suivantes, mettez les mots qui conviennent dans l'espace vide. Choisissez des mots de cette liste.

côtelette d'agneau	élever la voix
s'endetter	mettre en pension
être à la charge	gouvernante
avoir les moyens	se nourrir de
à louer	supporter
avoir du goût	faire vivre

1. Maman, pourquoi est-ce que nous n'avons plus de femme de ménage? —Nous n' ____________ de payer quelqu'un. Nous allons faire le ménage nous-mêmes.
2. A 15 ans, Françoise a commencé à travailler et à gagner sa vie, parce qu'elle ne voulait pas ____________ de sa famille.
3. Ils ont dépensé plus d'argent qu'ils n'en gagnaient et ____________ pour acheter une maison.
4. Ce jeune couple travaille beaucoup pour ____________ leurs enfants.

5. Les koalas sont des animaux qui vivent en Australie et ______________________________ de feuilles d'eucalyptus, exclusivement.
6. Les parents qui vivent à la campagne doivent souvent ______________________________ leurs enfants ______________________________ à la ville.
7. La mère de Suzanne achète ses vêtements chez les grands couturiers de la rue Saint-Honoré: elle ______________________________ et de l'argent!
8. La sœur de Françoise est tombée malade: elle n'a pas pu ______________________________ l'humiliation d'être pauvre dans une pension pour jeunes filles riches.

VI. Traduction.

1. The book I need. ______________________________
2. The book I'm reading. ______________________________
3. The book I'm thinking about. ______________________________
4. The book I'm looking for. ______________________________
5. The book that pleases me. ______________________________
6. What do you think of that? ______________________________
7. He has enough to pay. ______________________________
8. The day I left. ______________________________

VII. Une flambée. Regardez le dessin suivant. Décrivez les actions, les pensées des personnes représentées. Imaginez leur conversation. Vous pouvez utiliser le vocabulaire suggéré.

Il allume une flambée
avec **LE FIGARO** d'hier. L'appartement
dont je rêvais part en fumée.

une flambée (*a quick fire*) • une petite annonce (*an ad*) • de charme (*charming*) • la cheminée • brûler • se fâcher • éteindre • louer

____

____

____

____

____

____

____

____

____

____

____

____

____

____

Nom: ______________________________ Date: ______________________

Les démonstratifs

Première partie: exercices oraux

Faites ces exercices au laboratoire, sans cahier. Ecoutez le speaker, répondez aux questions, faites les transformations.

Deuxième partie: exercices oraux / écrits

Faites le travail de cette partie au laboratoire, avec votre cahier.

I. Prononciation.

1. L'orthographe **en**.

   a. L'orthographe **en** représente généralement le son /ɑ̃/.

   entier enfant entamer

   b. **en** représente le son /ɛ̃/ dans des mots d'origine savante ou étrangère.

   appendice référendum
   benzine Rubens
   benjamin Stendhal
   pentagone Saint-Ouen

   c. La terminaison **-en** se prononce /ɛn/ dans les mots suivants.

   amen pollen
   hymen lichen
   abdomen

2. La terminaison **-ing** se prononce /ŋ/. Le **i** est plus net qu'en anglais.

   camping smoking (*tuxedo*)
   parking footing (*jogging*)

   Exception: le mot **shampooing** = /ʃɑ̃pwɛ̃/

3. La lettre **w.** **W** se prononce /v/ dans les mots suivants.

wolfram	interviewer
Wisigoth	Wagner
Walkyrie	W.C. (doublevécé)
wagon	

Dans les mots d'origine étrangère on a le choix.

water-closet /vateʀ/ ou /wɑteʀ/

mais on dit:

Waterloo /wɑtɛʀlo/
Watt /wat/
week-end /wikɛnd/
western /wɛstɛʀn/

4. La lettre **y.**

a. Après une consonne **y** représente le son /i/.

stylo physique

b. Le **y** initial représente le son /j/.

yaourt yoga yacht /jɔt/

c. Entre deux voyelles **y** représente le son /j/. C'est l'équivalent de deux **i.** **Un i se** prononce avec la voyelle qui précède, le deuxième **i** est /j/.

crayon = crai-ion /kʀɛjõ/
voyage = voi-iage /vwajaʒ/

balayons	moyen
voyons	ennuyeux
soyeux	

Exceptions:

mayonnaise /majɔnɛz/	coyote /kɔjɔt/
Bayonne /bajɔn/	bruyère /bʀyjɛʀ/
Bayard /bajaʀ/	Gruyère /gʀyjɛʀ/ (*Swiss cheese*)
cobaye /kɔbaj/ (*guinea pig*)	

Attention: **abbaye** se prononce /abei/.

5. Mots difficiles.

pouvoirs particuliers	miauler
manœuvre	accueillez-le
par hasard	regain
Chandeleur	pièce percée

II. Dictée de sons. Le speaker prononce un mot. Vous choisissez et vous encerclez le mot que vous entendez. Le speaker vous donne la réponse.

	(1)	(2)	(3)
1.	amène	amant	amen
2.	abbaye	à bail	abeille
3.	souillons	soyons	soyeux
4.	Béjard	Bayard	billard
5.	nouille	noué	noyé

III. Dictée. Le speaker lit la dictée deux fois. La première fois vous écoutez. La deuxième fois, écrivez!

____

____

____

____

____

____

____

____

____

____

____

____

____

____

____

IV. Compréhension. Une bonne action. Ecoutez le dialogue suivant, qui sera lu deux fois. Ensuite, arrêtez la machine, et écrivez les réponses aux questions ci-dessous. Puis écoutez les réponses correctes.

1. Où vont Mme Cocteau et Mme Marais? ______________________________

   ____

2. Pourquoi est-ce que les Giroud vendent tout ce qu'ils ont? ______________________________

   ____

3. Qu'est-ce que les deux femmes achètent?

   ____

   ____

4. Qu'est-ce que les deux femmes remarquent? ______________________________

   ____

5. Quel est le prix marqué pour la petite boîte et quelle est sa valeur réelle? ______________

____

6. Pourquoi cette boîte vaut-elle une fortune? ______________________________

____

7. Que fera un antiquaire quand il verra la boîte? ____________________________

____

8. Quelle satisfaction vont avoir les deux femmes? ___________________________

____

Troisième partie: exercices écrits

I. Adjectifs démonstratifs. Mettez l'adjectif démonstratif (**ce, cette, ces**) devant les noms suivants.

MODÈLE: *cette* femme

1. ____________________ machine
2. ____________________ dieu
3. ____________________ histoires
4. ____________________ présage
5. ____________________ maladresse
6. ____________________ chance
7. ____________________ fil
8. ____________________ pièce
9. ____________________ accueil
10. ____________________ pierres

II. Pronoms démonstratifs. Remplacez chaque nom par un pronom démonstratif (**celui-ci, celle-là,** etc.)

MODÈLE: la femme *celle-ci ou celle-là?*

1. le maléfice ____
2. la fête ____
3. la nuance ____
4. les affaires ____
5. les billets ____
6. l'élément de cuisine ____________________________________
7. les croisements ____
8. le propriétaire ____
9. la noyade ____
10. les chèques ____

III. Ce, cela, il est, elle est. Mettez la forme qui convient: **ce, cela, il** ou **elle.**

1. J'aime aller au théâtre; ____________________ me détend.
2. ____________________ est tard. Il faut rentrer.
3. Schweitzer était vraiment docteur; oui, ____________________ était un grand docteur.
4. Mme Dupont-Dupont est professeur; ____________________ est professeur d'histoire.
5. ____________________ est complètement idiot, cette explication.
6. Vous avez raison; ____________________ est évident.
7. ____________________ sont des amis d'enfance.
8. ____________________ est amusant de jouer aux cartes.
9. ____________________ suffit.
10. ____________________ est temps de partir.
11. ____________________ vous dérange?
12. Cette malle est lourde, ____________________ est pleine de livres.

IV. Une valise bien pleine. Barbara va passer un an en France. Son amie Marie-Line lui donne des conseils sur ce qu'elle doit emporter. Utilisez des adjectifs ou des pronoms démonstratifs.

MODÈLE: *Barbara:* Crois-tu qu'il faut que j'emporte cette ***robe-ci*** ou ***celle-là?***
Marie-Line: Plutôt ***celle-là.***

Barbara: Ce jean a un trou.

Marie-Line: Oui, prends plutôt ____________________; ____________________ qui a l'air plus neuf.

Barbara: Ai-je besoin de ce pull-là ou de ____________________?

Marie-Line: Emporte ____________________ qui sont chauds. Il fait froid en France en hiver.

Barbara: Et ces jupes. Les porterai-je?

Marie-Line: Tu ne porteras ni ____________________, ni ____________________. Tu porteras surtout des pantalons. ____________________ sont plus confortables.

Barbara: Et comme manteau? ____________________ ou ____________________?

Marie-Line: ____________________ qui est imperméable; il pleut en France.

Barbara: Les chaussures, maintenant. ____________________ que j'ai sont en bien mauvais état. ____________________, peut-être? Qu'en penses-tu?

Marie-Line: ____________________ qu'on trouve en France sont élégantes et meilleur marché. Tu achèteras ____________________ dont tu auras besoin.

Barbara: Et les accessoires? Sacs, écharpes, ceintures?

Marie-Line: Prends ____________________ sac ____________________ et ____________________, ____________________ écharpe ____________________ et ____________________, ____________________ ceinture ____________________ et ____________________.

Barbara: Regarde! Ma valise est pleine de tout ____________ que tu m'as dit d'emporter.

V. **Vocabulaire.** Dans les phrases suivantes, mettez les mots qui conviennent dans l'espace vide. Choisissez des mots de cette liste.

un maléfice	la malchance	atterrir
un porte-bonheur	une tache	il faut fêter
miauler	accueillir	inoffensif
valable	un bon présage	tomber
la poêle	il faut sauter	le mauvais sort
un malheur	le poêle	croiser

1. Un fer à cheval est un ____________.
2. Cette personne a beaucoup de ____________: elle a eu des ennuis d'argent, un accident, elle est en mauvaise santé...
3. Un chat qui a faim ____________ pour réclamer sa nourriture.
4. ____________ la Chandeleur pour avoir de la chance.
5. L'avion ____________ sur le terrain.
6. On fait sauter les crêpes dans ____________.
7. La pétanque est un passe-temps ____________. On ne fait mal à personne.
8. Si on croise un chat noir, ce n'est pas ____________.
9. J'ai fait une ____________ à mon pantalon. Il faut le faire nettoyer.
10. Autrefois les sorciers jetaient un ____________ sur les personnes dont ils voulaient se venger.

VI. **Traduction.**

1. I took my cassettes and Mary's. ____________
2. I don't have any paper handy. ____________
3. I miss you. Do you miss me? ____________
4. To find a four-leaf clover brings luck. ____________
5. He caught six crepes in a row. What luck! ____________

VII. A la librairie. Regardez le dessin suivant. Décrivez les actions, les pensées des personnes représentées. Imaginez leur conversation. Vous pouvez utiliser le vocabulaire suggéré.

la romancière (*novelist*) • la couturière • jouer un rôle • faire du droit • la gouvernante • s'informer • la cuisinière • une recette • la voyante • s'attendre à • avoir sous la main • valable • le sort • s'intéresser à

Nom: ______________________________ Date: ______________________

Chapitre 20

Le discours indirect

Première partie: exercices oraux

Faites ces exercices au laboratoire, sans cahier. Ecoutez le speaker, répondez aux questions, faites les transformations.

Deuxième partie: exercices oraux / écrits

Faites le travail de cette partie au laboratoire, avec votre cahier.

I. **Prononciation. La liaison.** Il y a des liaisons obligatoires, des liaisons interdites et des liaisons facultatives.

1. Liaisons obligatoires. Une liaison se fait entre un mot inaccentué, généralement court (un article, un pronom sujet, un possessif, un auxiliaire de verbe, un adverbe, une préposition), et le mot qui suit.

   a. Le son de liaison peut être /z/:

   après **-s.**

   les‿enfants　　nous‿allons
   des‿enfants　　très‿intéressant
   mes‿enfants　　dans‿un sac

   après **-x.**

   deux‿ans　　aux‿amis

   après **-z.**

   chez‿eux　　allez‿-y!

   b. Le son de liaison peut être /n/ après **-n.**

   un‿ami　　on‿a
   mon‿ami　　il en‿a
   aucun‿ami

c. Le son de liaison peut être /t/:

après **-t.**

est‿il
sont‿ils
petit‿ami
huit‿amis
tout‿étonné

après **-d.**

quand‿il pleut   un grand‿ami   second‿enfant

d. Le son de liaison peut être /ʀ/ après **-r.**

premier‿étage   dernier‿ouvrage

e. Le son de liaison peut être /f/ ou /v/ après **-f.**

neuf‿enfants /nœfɑ̃fɑ̃/
neuf‿articles /nœfaʀtikl/
neuf‿heures /nœvœʀ/
neuf‿ans /nœvɑ̃/

f. On fait la liaison dans des groupes figés (*fixed groups*).

de moins‿en moins
de mieux‿en mieux
de plus‿en plus
de temps‿en temps
les Champs‿Elysées
les‿Etats‿Unis
pas‿à pas
c'est‿à-dire
accent‿aigu
avant‿hier
comment‿allez-vous?
mot‿à mot
il était‿une fois (*once upon a time*)

2. Liaisons interdites. On ne fait pas la liaison:

a. entre un nom singulier et le mot qui suit.

un enfant / adorable   un sujet / intéressant   Le chat / est entré.

b. après un nom qui se termine par une nasale.

Jean / attend / un taxi.

c. après **ils** et **elles** dans un verbe à la forme interrogative.

Sont-elles / arrivées?   Ont-ils / appris?

d. après la conjonction **et.**

il va et / il vient   Anne et / Yves

e. après un **h** aspiré.[1]

les / haricots
les / héros
les / hiboux
les / harengs
des / hors-d'œuvre
les / hanches (*hips*)
les / hasards
les / Hollandais
les / hauteurs

f. après un nom pluriel dans un nom composé.

des salles / à manger   des metteurs / en scène

g. après **comment** interrogatif (sauf **Comment‿allez-vous?**).

Comment / avez-vous voyagé?

h. après **quand** interrogatif.

Quand / irez-vous à Paris?

[1] Un **h** aspiré est généralement indiqué dans le dictionnaire.

EXERCICE. Indiquez si la liaison est faite ou non; puis prononcez le groupe. Le speaker vous donne la réponse. Répétez après le speaker.

MODÈLE: mes amis	(oui)	non	mes‿amis
les haricots	oui	(non)	les / haricots

		OUI	NON
1.	vos enfants	_______	_______
2.	un soldat américain	_______	_______
3.	en un mot	_______	_______
4.	nous irons	_______	_______
5.	quand il veut	_______	_______
6.	en haut	_______	_______
7.	dans un trou	_______	_______
8.	les Halles	_______	_______
9.	l'enfant aimé	_______	_______
10.	comment espérer	_______	_______
11.	et ainsi	_______	_______
12.	Quand étudiez-vous?	_______	_______
13.	neuf heures	_______	_______
14.	premier âge	_______	_______
15.	ces hommes	_______	_______
16.	mes hanches	_______	_______

3. Liaisons facultatives. Les liaisons facultatives sont faites dans une lecture soignée, ou dans une façon de parler affectée, et en poésie. Dans la conversation courante on ne les fait pas.

langue soignée	*conversation*
a. après un nom pluriel.	
des‿enfants‿heureux	des‿enfants / heureux
b. après un auxiliaire.	
nous sommes‿allés	nous sommes / allés
je vais‿essayer	je vais / essayer
c. après **pas.**	
ils n'ont pas‿osé	ils n'ont pas / osé
vous n'êtes pas‿intéressé	vous n'êtes pas / intéressé

langue soignée	*conversation*
d. après les prépositions **après** et **avant.**	
après‿un bon repas	après / un bon repas
avant‿un voyage	avant / un voyage

4. Mots difficiles.

campagne	carrefour
compagne	hors-d'œuvre
Bongrain	embouteillages
le pont de chemin de fer	René Goscinny

II. Dictée de sons. Le speaker prononce un mot. Vous choisissez et vous encerclez le mot que vous entendez. Le speaker vous donne la réponse.

	(1)	(2)	(3)
1.	genre	gendre	gens
2.	Marie	mariée	marée
3.	fume	faim	femme
4.	marraine	marin	marrant
5.	compagne	campagne	qu'on peigne

III. Poème. Le speaker lit le poème. Ecoutez le poème, lu en entier, puis répétez après chaque pause.

Le Ciel est par-dessus le toit

Le ciel est, par-dessus le toit,
Si bleu, si calme!
Un arbre, par-dessus le toit,
Berce sa palme.

La cloche, dans le ciel qu'on voit,
Doucement tinte.
Un oiseau sur l'arbre qu'on voit
Chante sa plainte.

Mon Dieu, mon Dieu, la vie est là,
Simple et tranquille.
Cette paisible rumeur-là
Vient de la ville.

—Qu'as-tu fait, ô toi que voilà
Pleurant sans cesse,
Dis, qu'as-tu fait, toi que voilà,
De ta jeunesse?

Paul Verlaine

bercer to rock **tinter** to ring **paisible** peaceful

IV. Compréhension. La partie de pétanque. Ecoutez le dialogue suivant, qui sera lu deux fois. Ensuite, arrêtez la machine, et écrivez les réponses aux questions ci-dessous. Puis écoutez les réponses correctes.

1. Pourquoi est-ce qu'en France les enfants ne peuvent pas jouer sur les pelouses? ___________

____

2. Quel jeu est-ce que Didier va montrer à Ken? ________________________________

____

3. Où est-ce que les enfants vont jouer? ________________________________

____

4. Qu'est-ce qu'on lance d'abord? ________________________________

____

5. Où est-ce qu'on essaie de placer la boule de métal? ________________________________

____

6. Pourquoi est-ce que Ken a gagné? ________________________________

____

7. Qu'est-ce que c'est que «tirer»? ________________________________

____

8. Qu'est-ce qui arrive quand Ken essaie de tirer? ________________________________

____

9. Pourquoi est-ce que Ken préfère vivre aux Etats-Unis? ________________________________

____

Troisième partie: exercices écrits

I. Le style indirect. Répétez les phrases suivantes au style indirect. Faites les transformations nécessaires.

MODÈLE: Ils disent: «Nous partirons demain.»
*Ils disent **qu'ils partiront** demain.*

1. Elle avoue: «J'ai mal dormi hier.» ________________________________

____

2. Le marchand assure: «Le poulet sera bien tendre.» ________________________________

____

3. Elle jure: «J'ai payé la note (*bill*) d'électricité la semaine dernière.» ________________________________

____

4. Le directeur lui demande: «Ne téléphonez pas si souvent.» ________________________________

____

5. Vous suggérez: «Allons au cinéma ce soir.» ________________________________

____

II. Le discours indirect. Répétez les phrases suivantes à la forme indirecte. Commencez par (1) **Elle demande...** (2) **Il a demandé...** Attention au mot interrogatif: **si, que, ce qui,** etc.

MODÈLE: Vous venez.
Elle demande ***si*** *vous venez.*
Il a demandé ***si*** *vous veniez.*

1. Que faites-vous? ______________________________
____
____

2. Qu'est-ce qui se passe? ______________________________
____
____

3. Avez-vous de la monnaie? ______________________________
____
____

4. Ils ont vraiment eu peur? ______________________________
____

5. Qui viendra à votre soirée?
____
____
____

6. Quelle heure est-il? ______________________________
____
____

7. Comment allez-vous? ______________________________
____
____

8. Qu'est-ce que vous dites? ______________________________
____

III. Si + futur. Vous êtes interviewé par un vétérinaire pour travailler avec des animaux malades. Le vétérinaire vous pose des questions. Suivez le modèle.

MODÈLE: Voulez-vous assister à des opérations?
Le vétérinaire me demande si je voudrai assister à des opérations.

1. Pouvez-vous travailler 40 heures par semaine? ______________________________
____

2. Supportez-vous l'odeur des désinfectants? ______________________________
____

3. Etes-vous sensible à la douleur des animaux? ______________________________

____

4. Vous sentez-vous mal quand vous voyez un animal blessé? ______________________

____

5. Avez-vous peur d'être mordu ou griffé (*scratched*)? ________________________

____

IV. Trouvez votre chemin. Regardez le plan de Paris aux pages suivantes et expliquez à un ami comment il peut trouver son chemin à Paris. Utilisez les mots de la liste suivante.

MODÈLE: Je veux aller du jardin des Plantes à la gare Montparnasse.
Pour aller du jardin des Plantes à la gare Montparnasse, tu suis le boulevard St. Germain, tu tournes dans la rue de Vaugirard, tu arrives dans la rue de Rennes, tu tournes à gauche et tu suis la rue de Rennes jusqu'à la gare Montparnasse.

à côté de	aller tout droit
sur le boulevard	tourner ou prendre à gauche
dans l'avenue	tourner ou prendre à droite
sur la place	se trouver au coin de la rue
dans la rue	se trouver au milieu du pâté (*block*) de maisons
arriver à	traverser une place, une rue
aller jusqu'à	en face de
suivre une rue jusqu'à	

1. Je veux aller de la gare St. Lazare au Panthéon.

____

____

____

____

____

____

____

____

2. Je veux aller de la place des Vosges à l'hôtel des Invalides.

____

____

____

____

____

____

____

____

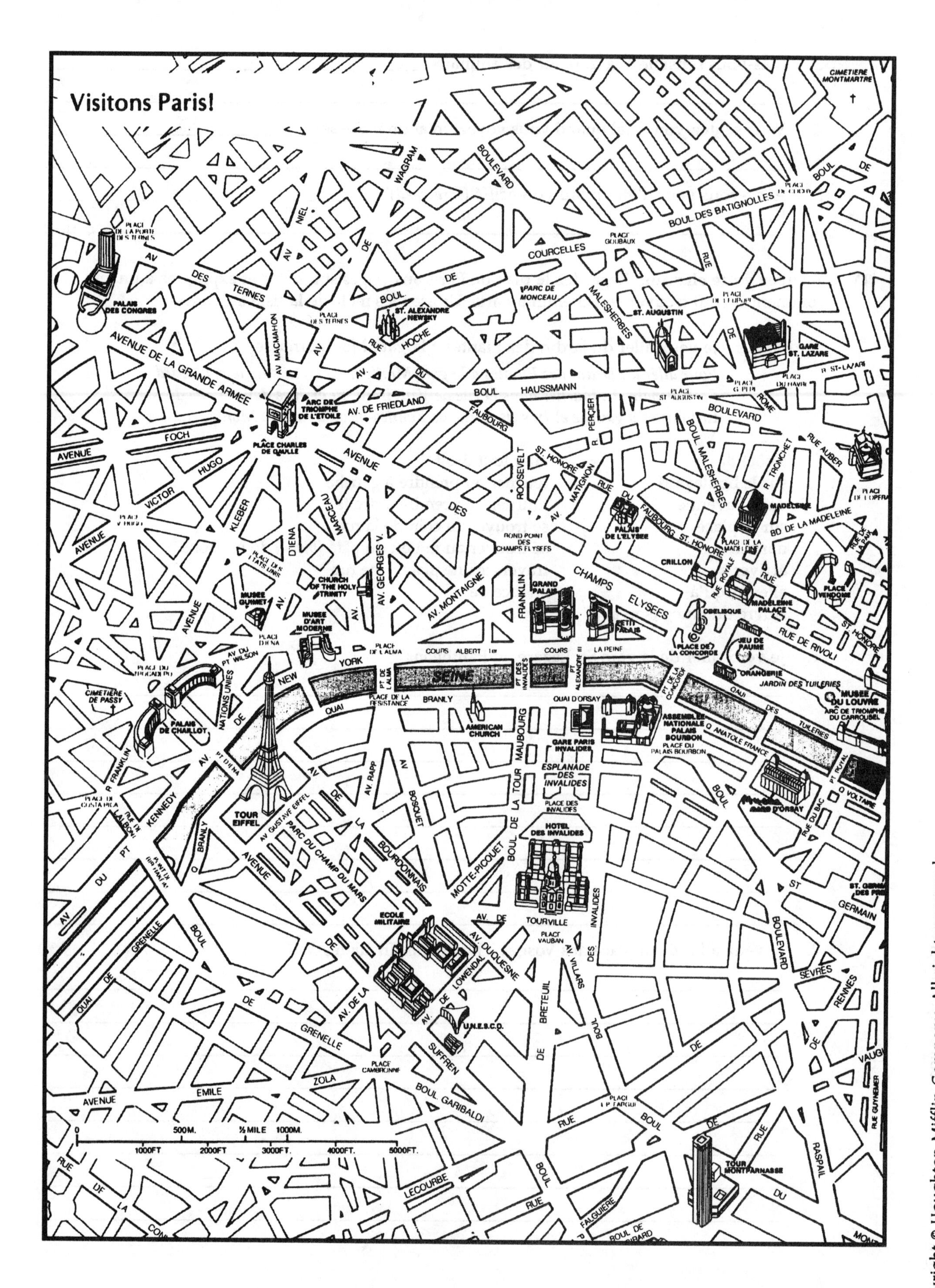

Visitons Paris!
CIMETIERE MONTMARTRE
BOULEVARD
WAGRAM
PLACE DE CLICHY
BOUL DE
BOUL DES BATIGNOLLES
PLACE DE LA PORTE DES TERNES
AV
DES
TERNES
PALAIS DES CONGRES
AV NIEL
DE
COURCELLES
PLACE GOUBAUX
BOUL.
DE
PARC DE MONCEAU
MALESHERBES
RUE
PLACE DES TERNES
ST. ALEXANDRE NEWSKY
RUE
HOCHE
AV MACMAHON
AV
ST. AUGUSTIN
PLACE DE L'EUROPE
DE
GARE ST. LAZARE
AVENUE DE LA GRANDE ARMEE
AV.
DU
BOUL
HAUSSMANN
PLACE ST AUGUSTIN
PLACE DU HAVRE
R ST-LAZARE
ROME
ARC DE TRIOMPHE DE L'ETOILE
AV. DE FRIEDLAND
FAUBOURG
R PERCIER
BOULEVARD
BOUL MALESHERBES
AVENUE
FOCH
PLACE CHARLES DE GAULLE
AVENUE
HUGO
VICTOR
ST. HONORE
ROOSEVELT
MATIGNON
R TRONCHET
RUE AUBER
PLACE DE L'OPERA
PLACE VICTOR HUGO
AVENUE
KLEBER
D'IENA
MARCEAU
AV. GEORGES V.
DES
RUE
DU
FAUBOURG
ST. HONORE
PALAIS DE L'ELYSEE
MADELEINE
BD DE LA MADELEINE
ROND POINT DES CHAMPS ELYSEES
PLACE DE LA MADELEINE
PLACE DES ETATS UNIS
CHURCH OF THE HOLY TRINITY
CRILLON
RUE ROYALE
MUSEE GUIMET
AV
AV. MONTAIGNE
FRANKLIN
GRAND PALAIS
CHAMPS
ELYSEES
PLACE VENDOME
OBELISQUE
MADELEINE PALACE
MUSEE D'ART MODERNE
PLACE D'IENA
PETIT PALAIS
RUE DE RIVOLI
PLACE DE L'ALMA
COURS ALBERT 1er
COURS
LA REINE
JEU DE PAUME
PLACE DE LA CONCORDE
PLACE DU TROCADERO
AV DU PT WILSON
YORK
NEW
PT DE L'ALMA
SEINE
PT DES INVALIDES
PT ALEXANDRE III
PT DE LA CONCORDE
ORANGERIE
JARDIN DES TUILERIES
CIMETIERE DE PASSY
NATIONS UNIES
DE
QUAI
PLACE DE LA RESISTANCE
BRANLY
QUAI D'ORSAY
MUSEE DU LOUVRE
ARC DE TRIOMPHE DU CARROUSEL
PALAIS DE CHAILLOT
AMERICAN CHURCH
ASSEMBLEE NATIONALE PALAIS BOURBON
PLACE DU PALAIS BOURBON
QUAI
DES
TUILERIES
Q ANATOLE FRANCE
GARE PARIS INVALIDES
ESPLANADE DES INVALIDES
MAUBOURG
BOUL DE LA TOUR
PT D'IENA
AV.
AV. RAPP
AV
BOSQUET
R FRANKLIN
PLACE DE COSTA RICA
KENNEDY
TOUR EIFFEL
AV GUSTAVE EIFFEL
PARC DU CHAMP DU MARS
DE
LA
BOURDONNAIS
AVENUE
PLACE DES INVALIDES
HOTEL DES INVALIDES
MUSEE D'ORSAY
RUE DU BAC
PT ROYAL
Q VOLTAIRE
MOTTE-PICQUET
BRANLY
AV
DU
PT
ECOLE MILITAIRE
AV. DE
TOURVILLE
INVALIDES
ST
GERMAIN
BOULEVARD
BOUL
QUAI DE GRENELLE
BOUL
DE
GRENELLE
AV. DE LA
AV DUQUESNE
LOWENDAL
PLACE VAUBAN
AV. VILLARS
DES
SEVRES
RENNES
BRETEUIL
U.N.E.S.C.O.
BOUL
DE
SUFFREN
PLACE CAMBRONNE
ZOLA
AVENUE
EMILE
BOUL. GARIBALDI
PLACE L P FARGUE
RUE
BOUL
RASPAIL
RUE GUYNEMER
0
500M.
½ MILE
1000M.
1000FT
2000FT
3000FT.
4000FT.
5000FT.
RUE
DE
LA
LECOURBE
RUE
FALGUIERE
BOUL DE
TOUR MONTPARNASSE
DU

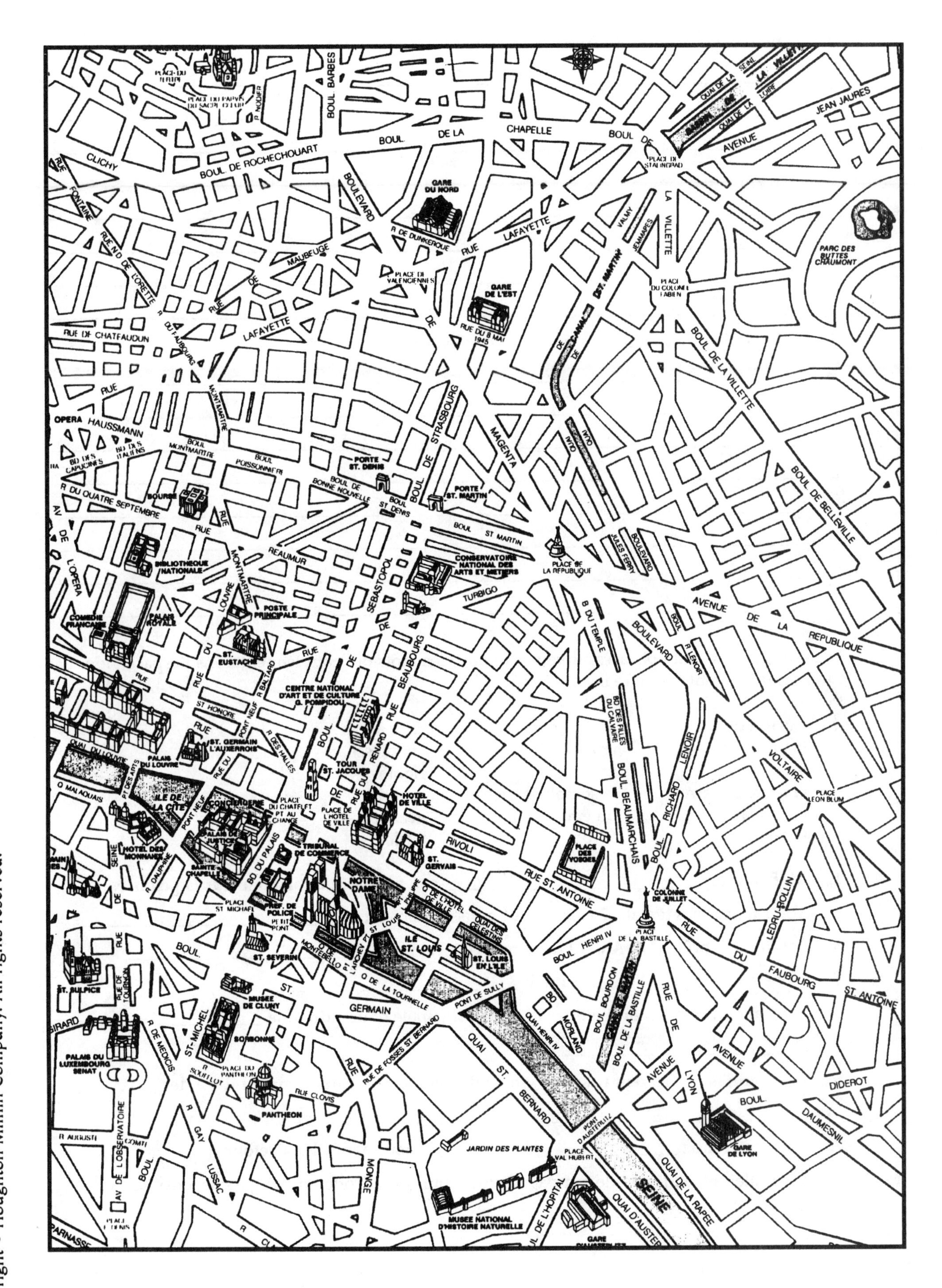
BOUL BARBES
PLACE DU PARVIS DU SACRE COEUR
BOUL DE ROCHECHOUART
CLICHY
BOUL DE LA CHAPELLE
BOUL DE
PLACE DE STALINGRAD
QUAI DE LA SEINE
QUAI DE LA LOIRE
JEAN JAURES
AVENUE
RUE FONTAINE
BOULEVARD
GARE DU NORD
R DE DUNKERQUE
RUE LAFAYETTE
LA VILLETTE
VALMY
JEMMAPES
PARC DES BUTTES CHAUMONT
MAUBEUGE
PLACE DE VALENCIENNES
GARE DE L'EST
CANAL ST. MARTIN
PLACE DU COLONEL FABIEN
RUE DE CHATEAUDUN
LAFAYETTE
RUE DU 8 MAI 1945
BOUL DE LA VILLETTE
OPERA
HAUSSMANN
BD DES CAPUCINES
BD DES ITALIENS
BOUL MONTMARTRE
BOUL POISSONNIERE
PORTE ST. DENIS
BOUL DE STRASBOURG
MAGENTA
BOUL DE BELLEVILLE
R DU QUATRE SEPTEMBRE
BOURSE
BOUL DE BONNE NOUVELLE
BOUL ST DENIS
PORTE ST. MARTIN
BOUL ST MARTIN
AV DE L'OPERA
BIBLIOTHEQUE NATIONALE
REAUMUR
CONSERVATOIRE NATIONAL DES ARTS ET METIERS
PLACE DE LA REPUBLIQUE
JULES FERRY
TURBIGO
COMEDIE FRANCAISE
PALAIS ROYAL
POSTE PRINCIPALE
SEBASTOPOL
B DU TEMPLE
AVENUE DE LA REPUBLIQUE
ST. EUSTACHE
BEAUBOURG
BOULEVARD
CENTRE NATIONAL D'ART ET DE CULTURE G. POMPIDOU
ST HONORE
PONT NEUF
BD DES FILLES DU CALVAIRE
RENARD
ST. GERMAIN L'AUXERROIS
QUAI DU LOUVRE
PALAIS DU LOUVRE
TOUR ST. JACQUES
VOLTAIRE
ILE DE LA CITE
CONCIERGERIE
PLACE DU CHATELET
PT AU CHANGE
PLACE DE L'HOTEL DE VILLE
HOTEL DE VILLE
BOUL BEAUMARCHAIS
RICHARD LENOIR
PLACE LEON BLUM
PALAIS DE JUSTICE
TRIBUNAL DE COMMERCE
RIVOLI
ST. GERVAIS
PLACE DES VOSGES
HOTEL DES MONNAIES
SAINTE CHAPELLE
BD DU PALAIS
NOTRE DAME
RUE ST. ANTOINE
COLONNE DE JUILLET
LEDRU-ROLLIN
PLACE ST MICHEL
PREF. DE POLICE
PETIT PONT
QUAI DES CELESTINS
PLACE DE LA BASTILLE
ILE ST. LOUIS
ST. LOUIS EN L'ILE
BOUL HENRI IV
RUE DU FAUBOURG ST. ANTOINE
ST. SEVERIN
Q DE LA TOURNELLE
PONT DE SULLY
ST. SULPICE
MUSEE DE CLUNY
GERMAIN
QUAI HENRI IV
MORLAND
BOUL BOURDON
BOUL DE LA BASTILLE
RUE DE LYON
AVENUE
ST-MICHEL
SORBONNE
R DE MEDICIS
RUE DE FOSSES ST BERNARD
QUAI ST. BERNARD
DIDEROT
PALAIS DU LUXEMBOURG SENAT
PLACE DU PANTHEON
RUE CLOVIS
PANTHEON
BOUL
DAUMESNIL
GARE DE LYON
AV DE L'OBSERVATOIRE
GAY LUSSAC
MONGE
JARDIN DES PLANTES
PLACE VAL HUBERT
PONT D'AUSTERLITZ
SEINE
QUAI DE LA RAPEE
MUSEE NATIONAL D'HISTOIRE NATURELLE
BD DE L'HOPITAL
QUAI D'AUSTERLITZ

3. Je veux aller de l'Arc de Triomphe à la Tour Montparnasse.

____

____

____

____

____

____

____

____

4. Je veux aller de la Sorbonne au Palais de Chaillot.

____

____

____

____

____

____

____

____

V. **Vocabulaire.** Dans les phrases suivantes, mettez les mots qui conviennent dans l'espace vide. Choisissez des mots de cette liste.

à cause de	indications	crier après
la pancarte	cru	en vitesse
mûr	le potager	rigolo
la route en terre	la station-service	tout droit
les travaux	un embouteillage	avancer
le goût	le rôti	tarder

1. M. Bongrain ______________________ son fils parce qu'il jouait sur la pelouse.
2. Vous aimez mes tomates? Je les ai fait pousser dans mon ______________________.
3. Ton rôti est brûlé! Ah! Ah! —Ne ris pas, ce n'est pas ______________________.
4. Nous avons pris de l'essence à une ______________________.
5. Pour aller à ce lac, il faut quitter la route principale et prendre une ______________________ ______________________.
6. Les voitures ne peuvent pas aller vite et doivent faire attention quand il y a des ______________________.
7. Sur une grande ______________________ nous avons lu: «Détour.»
8. Pour aller à ma maison de campagne, vous tournez à droite, puis à gauche, ensuite c'est ______________________.

9. Nous n'allons pas ______________________ à rentrer parce qu'il va bientôt faire nuit.
10. Vous vous êtes perdus! —Oui, nous n'avons pas suivi vos ______________________.

VI. Traduction.

1. They say Corentin is very nice. ______________________
____
2. It's straight ahead. ______________________
3. My answer is yes. ______________________
4. He pretends to know where he is going. ______________________
____
5. The roast was funny-looking. ______________________
6. Have fun and be good! ______________________

VII. Une maison de campagne. Regardez le dessin suivant. Décrivez les actions, les pensées des personnes représentées. Imaginez leur conversation. Vous pouvez utiliser le vocabulaire suggéré.

le propriétaire • le jardinage • le potager • les tomates mûres • le panier • le goût • il paraît que • les oignons • jouer à la pétanque • l'allée • sage • les carottes • le linge • sécher • coudre • salir • Que pensez-vous de? • les laitues • à mon avis (*opinion*) • préférer • les haricots (*green beans*) • la lessive • les loisirs • la boule • la pelouse

Nom: ______________________________ Date: ______________________

Le passif

Première partie: exercices oraux

Faites ces exercices au laboratoire, sans cahier. Ecoutez le speaker, répondez aux questions, faites les transformations.

Deuxième partie: exercices oraux / écrits

Faites le travail de cette partie au laboratoire, avec votre cahier.

I. Prononciation.

1. Les géminées.

   a. Une double lettre se prononce comme une seule. Quelquefois une double lettre se prononce en géminée (double prononciation) par exagération, dans la langue populaire.

   Contrastez:

m	*mm*
immense	immense
l	*ll*
illustre	illustre
illégal	illégal

   b. La chute d'un **e** muet qui entraîne la rencontre de deux consonnes est la cause d'une géminée.

je mɇ méfie	pas dɇ danger
bonnɇ nuit	je nɇ nage pas
dans cɇ sac	

   c. Contrastez:

simple	*géminée*
unɇ oie	unɇ noix
la dent	là-dɇdans
ça c'est	ça sɇ sait
pas déjeuné	pas dɇ déjeuner
tu mens	tu mɇ mens

2. La terminaison **-tie, -tions.**

   a. L'orthographe **ti** se prononce généralement /ti/.
   On prononce la terminaison **-tie** /si/ dans les mots suivants:

démocratie	inertie
autocratie	balbutie (*stutters*)
ploutocratie	

   Attention:

   sortie   partie

   b. La terminaison **-tial** se prononce /sjal/ dans le mot **initial** mais /tjal/ dans le mot **bestial.**

   c. La terminaison **-tions** se prononce /sjɔ̃/ dans les noms et /tjɔ̃/ dans les verbes.

   Contrastez:

/sjɔ̃/	/tjɔ̃/
des portions	nous portions
des inventions	nous inventions

   d. La terminaison **-tier** se prononce /sje/ dans le verbe **initier** et /tje/ dans le nom **métier.**

3. Mots difficiles.

s'apitoyer	effroyable
un arc et un carquois	dévisager
Tombouctou	généalogie
la brousse	douillet

II. Dictée de sons. Le speaker prononce un mot. Vous choisissez et vous encerclez le mot que vous entendez. Le speaker vous donne la réponse.

	(1)	(2)	(3)
1.	poème	pomme	paume
2.	une oie	une noix	un noir
3.	les eaux	les zones	les Hauts
4.	thon	tout	temps
5.	traie	tiraille	treille

III. Dictée. Le speaker lit le texte deux fois. La première fois, vous écoutez. La deuxième fois, écrivez!

____

____

____

____

____

____

IV. **Compréhension. Une leçon d'histoire.** Avant de commencer, lisez le vocabulaire qui précède l'exercice. Ecoutez le dialogue suivant, qui sera lu deux fois. Ensuite, arrêtez la machine, et écrivez les réponses aux questions ci-dessous. Puis écoutez les réponses correctes.

pêcher to fish
la vache cow
la chèvre goat
à fond de cale in the hold

1. D'où viennent les arrière-arrière-grands-parents de l'enfant qui pose les questions à son grand-père? ______________________
2. Comment vivaient ces gens? Que faisaient-ils? ______________________
3. Par qui ont-ils été capturés, un jour? ______________________
4. Pourquoi étaient-ils enchaînés les uns aux autres? ______________________
5. Où ont-ils été embarqués et pour quelle destination? ______________________
6. Dans quelles conditions s'est effectué le voyage? ______________________
7. Qu'est-ce qui est arrivé ensuite? ______________________
8. Quels travaux est-ce qu'ils ont dû faire ensuite? ______________________
9. Quels sont les événements qui ont aboli cette situation? ______________________

Troisième partie: exercices écrits

I. **Formes du verbe passif.** Mettez les verbes suivants à la forme passive au temps correspondant.

1. il faisait ________________
2. elle interdit ________________
3. nous vaincrons ________________
4. vous élirez ________________
5. tu as convoqué ________________
6. ils méprisent ________________

II. **Le complément d'agent.** Mettez les phrases suivantes à la forme passive.

1. Le meilleur cuisinier de France a préparé ce repas. ________________
____
2. Le Parlement adoptera cette loi. ________________
____
3. Un de ses amis a écrit sa dissertation. ________________
____
4. Tous les soirs le directeur fermait le magasin. ________________
____

III. **Par / de.** Mettez la préposition qui convient le mieux dans les phrases suivantes.

1. La ville est habitée ________________ toutes sortes de gens.
2. La jeune mariée était couverte ________________ bijoux.
3. Ma voiture a été complètement démolie ________________ un accident.
4. Ce vieux monsieur est couvert ________________ décorations.
5. Je suis débordé ________________ travail.
6. Son chien a été écrasé ________________ une motocyclette.
7. Il est accablé ________________ tristesse.

IV. **Un accident.** Ecrivez l'histoire d'un accident avec le vocabulaire suggéré et beaucoup de verbes passifs.

1. Hier un accident / se produire
____
2. une petite voiture / heurter / un gros camion
____
3. la voiture / démolir
____
4. trois personnes / blesser (*to injure*) grièvement
____
5. appeler / une ambulance
____

6. les blessés / transporter / à l'hôpital

____

7. examiner / un docteur

____

8. le chauffeur du camion / interroger / la police

____

9. il / être désolé / être ivre / arrêter

____

10. le permis de conduire / retirer

____

11. mettre en prison (*négatif*)

____

12. l'assurance (*insurance*) prévenir

____

13. les frais (*expenses*) d'hôpital / payer / la compagnie

____

V. Vocabulaire. Dans les phrases suivantes, mettez les mots qui conviennent dans l'espace vide. Choisissez des mots de la liste.

aveugle	sourd	envelopper
commerçant	arraché	ligoter
dévisager	douillet	la foule
l'estrade	à l'épaule	vaincu
prêter attention	tomber à genoux	disperser

1. Le vieil esclave n'entend pas et ne voit pas: il est _______________ et _______________.
2. Dans la rue, les _______________ ont ouvert leur boutique et attendent les acheteurs.
3. Pourquoi est-ce que tu me regardes avec tant d'intensité? Arrête de me _______________!
4. Les chasseurs partent dans la campagne, avec leur fusil _______________.
5. Quand le kidnappeur a été arrêté, il _______________ et a demandé pardon.
6. Il y a un théâtre de mimes sur la place du village. Plusieurs acteurs jouent des scènes amusantes sur _______________.
7. Cette jeune fille a bien installé sa chambre, décorée de tapis et de fourrures: c'est _______________ et confortable.
8. Quand il fait froid, en hiver, j'aime rester chez moi: je lis toute la journée, bien _______________ dans une couverture (*blanket*).

VI. Traduction.

1. I have been told. ______________________________
2. It is not done. ______________________________
3. I heard she had an accident. ______________________________
   ____
4. That's why she is in the hospital. ______________________________
   ____
5. It is forbidden. ______________________________
6. I am forbidden to smoke. ______________________________

VII. Au village africain. Regardez le dessin suivant. Décrivez les actions, les pensées des personnes représentées. Imaginez leur conversation. Vous pouvez utiliser le vocabulaire suggéré.

prêter attention • aller à la chasse • avertir • arriver (*to happen*) • dur • épaule • prise • un arc • des flèches • civilisation • effrayé • enveloppé • cordelette • sourd

Nom: ______________________ Date: ______________________

Chapitre 22

Les participes

Première partie: exercices oraux

Faites ces exercices au laboratoire, sans cahier. Ecoutez le speaker, répondez aux questions, faites les transformations.

Deuxième partie: exercices oraux / écrits

Faites le travail de cette partie au laboratoire, avec votre cahier.

I. **Prononciation. Versification.** A part les vers libres, qui ont un nombre illimité de syllabes, la poésie française consiste à composer des vers qui ont un nombre fixe de syllabes.

On a des vers de six syllabes (*hexamètres*), de huit syllabes (*octosyllabes*), de dix syllabes (*décasyllabes*). Le vers le plus courant a douze syllabes (*l'alexandrin*). Victor Hugo a écrit des vers de deux syllabes.

1. Les syllabes. Pour compter les syllabes, on part du principe de la syllabation: mais le **e** muet compte toujours pour une syllabe, sauf quand un **e** muet est devant un mot qui commence par une voyelle, ou quand un **e** muet est à la fin du vers.

Une atmosphère obscure enveloppe la ville.

Le **e** de **une**, le **e** final d'**atmosphère** et le **e** final d'**obscure** ne comptent pas devant une voyelle. Mais le **e** intérieur et le **e** final de **enveloppe** comptent (ils ne comptent pas en conversation). Comparez:

Conversation:

U|ne at|mos|phèr|e ob|scu|re en|velo|ppe la|ville. (10 syllabes)
1 2 3 4 5 6 7 8 9 10

Poésie:

U|ne at|mos|phèr|e ob|scu|re en|ve|lo|ppe|la|ville. (12 syllabes)
1 2 3 4 5 6 7 8 9 10 11 12

Pour avoir le nombre exact de syllabes, on peut grouper ou diviser certaines syllabes: c'est la *diérèse.*

-ia: on peut dire dia|mant ou di|a|mant

Dans les vers de cinq syllabes de cette strophe, le quatrième vers—**si mystérieux**—doit être compté ainsi:

si|mys|té|ri|eux
1 2 3 4 5

les soleils mouillés
de ces ciels brouillés
pour mon esprit ont les charmes
si mystérieux
de tes traîtres yeux
brillant à travers leurs larmes

2. Les pauses. Dans l'alexandrin classique, il y a généralement une pause après la sixième syllabe. C'est la *césure.* Chaque groupe de six syllabes s'appelle un *hémistiche.* Une pause est indiquée par une virgule ou par le sens. A l'intérieur de chaque hémistiche, on a les *accents.* L'accent le plus important est sur la syllabe avant la pause. On accentue les noms, les verbes (les mots importants).

   Chaque groupe de six syllabes se divise en 3 – 3, 4 – 2, 2 – 4, etc. C'est le rythme des accents qui crée l'effet poétique.

   Tes yeux sont si profonds que j'y perds la mémoire.

   Voici les syllabes:

   tes | yeux | sont | si | pro | fonds = 6

   Accents sur **yeux** *et* **-fonds:** rythme 2 – 4.

   que | j'y | perds | la | mé | moire = 6

   Accents sur **perds** *et* **-moire:** rythme 3 – 3.

3. L'enjambement. Quand il n'y a pas de pause à la fin du vers, parce que la phrase grammaticale n'est pas terminée, on a un enjambement ou un rejet.

   Mê|me il|m'est|a|rri|vé|quel|que|fois|de|man|ger|
   Le|Ber|ger.

4. La liaison. On fait toutes les liaisons en poésie, les liaisons obligatoires et les liaisons facultatives.

5. La rime. La rime est essentielle en poésie. On a les rimes masculines, celles où la dernière syllabe est prononcée: **rai | son, trahi | son; cœur, dou | leur;** et les rimes féminines, quand la voyelle qui rime est suivie d'un **e** muet ou d'une consonne + un **e** muet: **allée, envolée; lourde, sourde.**

   Il y a des rimes riches (à trois ou quatre éléments identiques): **alarme, larme;** et des rimes pauvres (à un ou deux éléments identiques: **aimer, rocher**).

   Les rimes peuvent se succéder: *aa – bb*
   se croiser: *ab – ab*
   s'embrasser: *a –bb– a*

Exercice: Scandez les vers suivants: marquez les syllabes, les pauses, les accents, les liaisons. Indiquez de quel type de vers il s'agit.

J'attendais le moment où j'allais expirer.

Me nourrissant de fiel, de larmes abreuvée,

Encor, dans mon malheur de trop près observée,

Je n'osais dans mes pleurs me noyer à loisir.

Je goûtais en tremblant ce funeste plaisir;

Et, sous un front serein déguisant mes alarmes,

Il fallait bien souvent me priver de mes larmes.

de *Phèdre*
Racine

II. Poème. Le speaker lit le poème. Ecoutez le poème, lu en entier, puis répétez après chaque pause.

Le Dormeur du val

C'est un trou de verdure où chante une rivière
Accrochant follement aux herbes des haillons
D'argent; où le soleil, de la montagne fière,
Luit: c'est un petit val qui mousse de rayons.

Un soldat jeune, bouche ouverte, tête nue,
Et la nuque baignant dans le frais cresson bleu,
Dort; il est étendu dans l'herbe, sous la nue,
Pâle dans son lit vert où la lumière pleut.

Les pieds dans les glaïeuls, il dort. Souriant comme
Sourirait un enfant malade, il fait un somme:
Nature, berce-le chaudement: il a froid.

Les parfums ne font pas frissonner sa narine;
Il dort dans le soleil, la main sur sa poitrine,
Tranquille, il a deux trous rouges au côté droit.

Arthur Rimbaud

un trou hole **accrocher** to hang **des haillons** rags **luire** to shine **le val** valley
mousser to bubble **la nuque** nape of the neck **baigner** to dip **le cresson** watercress
sous la nue *poetic for* under the sky **les glaïeuls** gladiolas **un somme** nap **bercer** to rock
frissonner to shiver **la narine** nostrils **la poitrine** chest

III. Dictée. Le speaker lit la dictée deux fois. La première fois vous écoutez. La deuxième fois, écrivez!

____

____

____

____

____

____

____

____

____

____

____

____

____

____

____

Troisième partie: exercices écrits

I. Formes. Donnez le participe présent, le participe passé, le participe parfait, le participe passif (présent et passé) et le gérondif des verbes indiqués.

MODÈLE: chanter *chantant, chanté, ayant chanté, étant chanté, ayant été chanté, en chantant*

1. changer ____

____

2. atterrir ____

____

3. prendre ____

____

4. ouvrir ____

____

5. mettre ____

____

6. entendre ____

____

7. s'accroupir ____

____

II. Participe ou gérondif? Transformez les phrases entre parenthèses en mettant un participe ou un gérondif.

MODÈLE: (Comme il mangeait sa soupe), il rêvait à un bifteck.
En mangeant sa soupe, il rêvait à un bifteck.

1. (Comme ils n'avaient plus de provisions), ils sont retournés sur la terre. ____________________
____
2. (Quand il a eu terminé son exploration), il est revenu à la chaloupe. ____________________
____
3. (Pendant que nous marchions dans la jungle), nous avons eu une grande surprise. __________
____
4. (Aussitôt que mes examens seront terminés), je partirai en vacances. ____________________
____
5. (Il a regardé tout le monde d'un air furieux), il est sorti. ____________________
____
6. (Il lisait un livre de science-fiction), il prenait son petit déjeuner. ____________________
____
7. Est-ce que tu écoutes la radio (pendant que tu conduis)? ____________________
____
8. Vous ne devez pas traverser la rue (et penser à autre chose). ____________________
____

III. Participe, gérondif ou infinitif? Mettez le verbe entre parenthèses à la forme qui convient: infinitif, gérondif, participe présent, adjectif verbal, etc.

Adieu Rôti

Je ne puis me rappeler sans (rire) ____________ qu'un soir, (comme j'étais condamné) ____________ pour quelque espièglerie [1] à aller me coucher sans (souper) ____________, et (comme je passais) ____________ par la cuisine avec mon triste morceau de pain, je vis et flairai[2] le rôti (qui tournait) ____________ à la broche. On était autour du feu; il fallut (tandis que je passais) ____________ saluer tout le monde. Quand la ronde fut faite, (je lorgnais)[3] ____________ du coin de l'œil le rôti qui avait si bonne mine et qui sentait si bon, je ne pus m'abstenir de lui faire la révérence [4] et de lui dire d'un ton piteux «Adieu rôti!»

Cette naïveté parut si (plaire) ____________ qu'on me fit rester.

Les Confessions
Jean-Jacques Rousseau

[1]**espièglerie** prank [2]**flairer** to sniff [3]**lorgner** to glance at [4]**faire la révérence** to curtsy

IV. Vocabulaire. Dans les phrases suivantes, mettez les mots qui conviennent dans l'espace vide. Choisissez des mots de cette liste.

bordé	un bruissement	éprouver un besoin
grisé	un hublot	humer
une mouette	pépier	la pesanteur
rayonner	rectiligne	une machine à explorer le temps
la chaîne de montagnes	la colline	une falaise
un mutant	s'engager	

1. Quand je marche dans la forêt, je suis ______________________________ par l'odeur des feuilles des arbres.
2. Dans le film «Aliens», il y a des scènes horribles entre ______________________________ et une femme.
3. Monet a peint la ______________________________ d'Etretat en Normandie.
4. Dans les films de science-fiction, la ______________________________ permet au héros de revivre et de changer le passé.
5. Au bout des Champs-Elysées, les avenues ______________________________ autour de l'Arc de Triomphe.
6. Dans l'espace, les lois de ______________________________ sont différentes de celles de la Terre.
7. Les explorateurs observaient la nouvelle planète à travers le ______________________________.
8. Après une journée de travail, on ______________________________ de se reposer ou de s'amuser.

V. Traduction.

1. Don't talk while you eat! ____
2. I like walking in the woods. ____
3. She was standing on a chair. ____
4. This android eats anything. ____
5. I am starting a diet. ____

VI. Rencontre. Regardez le dessin suivant. Décrivez les actions, les pensées des personnes représentées. Imaginez leur conversation. Vous pouvez utiliser le vocabulaire suggéré.

un animal anthropomorphe • un Martien • survoler • tourner autour • un androïde • la chaloupe • un scaphandre • habité • aride • fertile • ridicule • se moquer

Nom: ______________________________ Date: ______________________

Chapitre 23

La phrase complexe

[Ce chapitre n'a pas de première ni de deuxième partie.]

Troisième partie: exercices écrits

I. Le temps. Faites des phrases avec le vocabulaire suggéré et la conjonction entre parenthèses.

Modèle: (avant que) il faut profiter de la vie. Il est trop tard.
*Il faut profiter de la vie **avant qu'il soit** trop tard.*

1. (jusqu'à ce que) Téléphone à ce bureau. Tu auras une réponse. ______________________
____
2. (comme) Prévert se promène rue de Siam. Il a rencontré Barbara. ______________________
____
3. (à mesure que) L'avion s'élève dans le ciel. Les maisons deviennent toutes petites. ________
____
4. (à peine... que) Nous rentrons à la maison. Un orage violent a éclaté. __________________
____
5. (une fois que) Je termine ce travail. Je dirai: ouf! ______________________________

II. Concordance des temps. Répétez la phrase suivante en changeant les temps des verbes selon le modèle.

Modèle: *Quand le chat **est parti**, les souris **dansent**.*
*Quand le chat **sera parti**, les souris **danseront**.*
*Quand le chat **était parti**, les souris **dansaient**.*

Dès que les vacances (commencer), les enfants (s'ennuyer).

1. *Verbe principal au présent:*
____

2. *Verbe principal au futur:*

____

3. *Verbe principal à l'imparfait:*

____

III. La condition. Dans les phrases suivantes mettez la conjonction de condition qui convient.

si	à moins que
au cas où	pourvu que
à condition que	

1. Le président sera élu ____________________ il obtienne la majorité des votes.
2. ____________________ vous aviez du talent, vous pourriez devenir célèbre.
3. Vous arriverez en Californie, ____________________ un pirate de l'air ne détourne l'avion.
4. Les voyages dans la lune seront un jour populaires ____________________ nous ayons de nouvelles fusées.
5. Emportez un bon imper pour vos vacances ____________________ le mauvais temps vous empêcherait de sortir.

IV. La conséquence et le but. Dans les phrases suivantes mettez l'expression de conséquence ou de but qui convient.

de peur que	aussi
donc	pour
de sorte que	en vue de

1. Ils ont eu une panne de moteur, ____________________ sont-ils arrivés en retard à notre réception.
2. Les salaires sont très insuffisants, ____________________ les ouvriers vont se mettre en grève pour protester.
3. Personne ne veut aller faire les commissions; il faudra ____________________ que ce soit moi qui y aille.
4. Elle ne dit jamais rien en public, ____________________ son accent la rende ridicule.
5. Nous avons payé assez d'impôts ____________________ avoir le droit de nous plaindre.
6. Le gouvernement a fait construire un pipe-line ____________________ faire venir du pétrole d'Alaska.

V. La cause et la conséquence. Dans les phrases suivantes, mettez l'expression de cause ou de conséquence qui convient.

à cause de	tant... que
se... que	tellement
à force de	parce que
pour	si bien que

1. Je ne peux respirer, ____________________ j'ai couru.
2. Il est devenu ministre ____________________ intrigues.
3. Il a été guillotiné ____________________ avoir assassiné sa mère.
4. Elle a des attitudes ____________________ affectées ____________________ elle nous fait rire.
5. L'homme disparaîtra de la terre ____________________ il ne pourra pas lutter contre les éléments.
6. Les insectes ont ____________________ d'endurance ____________________ ils pourraient bien dominer les autres espèces.
7. Ses parents l'ont poussé à travailler ____________________ il a eu une dépression nerveuse.
8. Elle plaît à tout le monde ____________________ sa bonne humeur.

VI. L'opposition. Dans les phrases suivantes, mettez l'expression d'opposition qui convient.

si... que	où que
quand même	quoique
bien que	quel que soit

1. Elle achète n'importe quoi ____________________ le prix.
2. ____________________ je sois très fatiguée, je voudrais aller voir ce film
3. ____________________ tu ailles, je te suivrai.
4. Ce couple est très heureux, ____________________ leurs enfants leur donnent du souci.
5. Je lui ai dit que je ne veux plus la voir, elle continue ____________________ à me téléphoner.
6. ____________________ sa richesse, ce millionnaire a bien des problèmes.

VII. Traduction.

1. Before he understands ____________________
2. Until he comes ____________________
3. After he understood ____________________
4. Not until he does ____________________
5. Provided it does not rain ____________________
6. Unless you say ____________________

7. In case they forget ______________________________

8. However tall he might be ______________________________

9. As he was growing up ______________________________

10. As long as I live ______________________________

11. For fear that they die ______________________________

12. Now that you are here ______________________________

13. Because I was late ______________________________

14. Because of his illness ______________________________

Answer Keys

Test Answer Key

A. 1. la
2. l'
3. la
4. l'
5. le
6. l'

B. 1. une
2. un
3. des
4. des
5. un
6. une

C. 1. C'est une difficulté importante.
2. Voilà un bon professeur.
3. Vous avez une robe élégante.
4. Ils ont des filles intelligentes.

D. 1. C'est mon livre.
2. Voilà votre autobus.
3. C'est son professeur.
4. Sa mère est malade.
5. Ils ont leurs habitudes.
6. Nous avons notre livre.

E. 1. Ils sont intelligents.
2. Nous allons en ville.
3. Vous êtes fiancés?
4. Je la regarde.
5. Je l'aime.
6. Je lui parle?
7. Tu leur écris?
8. Elle se promène avec elle.

F. 1. qui
2. que
3. qui
4. que

G. 1. sommes / es / sont
2. a / ai / avez
3. vais / va / allez
4. parles / parle / parlons / parlent

H. Les étudiants ne sont pas dans la classe.

I. Est-ce que cette leçon est difficile? Cette leçon est-elle difficile?

J. 1. impératif
2. subjonctif
3. pronom personnel
4. préposition
5. pronom interrogatif
6. adjectif possessif

Activités Answer Key

Chapitre 1

Deuxième partie: exercices écrits

IV. Dictée

Franck et Laurent vont au supermarché pour faire des commissions. Ils remplissent leur chariot de provisions: des spaghettis, du beurre, du liquide pour la vaisselle, des bouteilles de soda. Derrière son père, Laurent met des bonbons dans ses poches. Franck ne le voit pas. A la caisse, Franck voit les bonbons. Il pense que Laurent est un voleur. Il est embêté. Il dit: «J'appelle les gendarmes?» Laurent n'aime pas l'idée d'aller en prison. Il rend les bonbons. Il pleure. Franck pardonne.

V. Compréhension. Au marché.

1. Elles préfèrent le marché en plein air.
2. Elles vont au marché le mercredi.
3. Ils sont dehors, dans une rue, ou sur une place.
4. Ils placent leurs produits sur des tables ou dans des corbeilles.
5. Elles achètent des légumes, des fruits, des fromages, quelquefois des bonbons.
6. Oui, on trouve des vêtements et des chaussures.
7. Elles placent leurs provisions dans des filets.
8. Véronique n'est pas contente parce qu'elle veut un jean et des gâteaux secs. Mais sa maman n'a plus d'argent.

Troisième partie: exercices écrits

I. Révision des verbes

1. Je m'en vais.
2. Nous voyageons.
3. Vous croyez.
4. Ils vivent.
5. Tu dors.
6. Vous dites.
7. Elle ouvre.
8. Nous commençons.
9. Vous faites.
10. Elle part.
11. Il essaie
12. Vous réussissez.
13. Nous comprenons.
14. Nous répondons.
15. Tu suis.
16. Elles meurent.
17. Je peux.
18. Il veut.
19. Elles préfèrent.
20. Vous venez.

II. L'impératif

1. Buvez
2. Soyons
3. Réfléchissez
4. N'appelle pas
5. Ne jetez pas
6. Sortons
7. Mets
8. Ne riez pas
9. Sachez
10. Prends

III. Un hold-up

1. Je tombe par terre.
2. Je fais le mort. (la morte)
3. Je cours dehors.
4. J'appelle la police.
5. J'attaque le gangster avec mon parapluie.
6. Je crie.
7. Je pleure.
8. Je vais à la fenêtre.
9. Je grimpe sur une table.
10. Je m'approche du gangster.
11. Je lui parle.

IV. Chaque personne a sa spécialité

1. La caissière **compte, additionne, tape** sur sa machine.
2. Le père de Laurent **fait** les commissions, **lave** la vaisselle, **va** au supermarché, **paie** le jean.
3. Les gangsters **ont** des mitraillettes, **volent** les banques, **finissent** par aller en prison, **s'ennuient**.
4. Les gendarmes **poursuivent** les voleurs, **protègent** les gens, **ne rient pas** souvent.
5. Le chauffeur de l'autobus **respecte** le code de la route, **conduit** lentement, **fait attention** aux bicyclettes.
6. Nous, les étudiants, **arrivons** en classe à l'heure, **sommes** préparés pour le cours, **prenons** des notes, **écrivons** des rédactions.

V. Les commissions

1. **Rapporte** des spaghettis!
2. **Choisis** de la viande sous cellophane!
3. **N'oublie pas** le sucre!
4. **Achète des** yaourts!
5. **Emporte** un filet!
6. **Dépêche-toi!**
7. **Ne traîne pas** dans les allées!
8. **Ne cours pas!**
9. **Vérifie** les prix!
10. **Ne lis pas** les journaux de mode!
11. **Rends** les bouteilles vides!

VI. Vocabulaire
1. **La viande** n'est pas une sucrerie.
2. **Le céleri** n'est pas un fruit.
3. **Les patates** ne sont pas un laitage.
4. **L'ascenseur** ne se trouve pas dans un supermarché.
5. **La caissière** ne menace pas ou ne protège pas la société.

VII. Traduction
1. Nous prenons un chariot; je grimpe dessus.
2. Dépêche-toi, va chercher les yaourts!
3. Ce (Il) n'est pas trop serré?
4. Qu'est-ce qu'il t'arrive? (Qu'est-ce qu'il vous arrive?)
5. Elle est en train d'essayer un jean.
6. Le crime ne paie pas.

VIII. Au marché.
Answers will vary.

Chapitre 2

Deuxième partie: exercices écrits

IV. Compréhension. Petit déjeuner au café
1. Louise a pris un café au lait et des croissants.
2. Non, Jean-Paul n'a rien mangé.
3. Jean-Paul a bu du thé.
4. Robert a choisi des toasts et de la confiture.
5. Non, Robert a bu un café noir.

Troisième partie: exercices écrits

I. Choix de l'auxiliaire
1. Il a bu tout le café.
2. Elle est restée à la maison.
3. Ils ont voulu aller au marché aux oiseaux.
4. Tu as vu les robes qu'elle a achetées?
5. Les invités se sont jetés sur la bouteille de champagne.
6. Ils ont eu un accident.
7. Vous avez promis de venir la semaine prochaine?
8. Elle a rougi quand vous lui avez parlé.
9. Le vieil homme a allumé sa pipe.
10. J'ai ouvert la porte.

II. L'accord du participe passé
1. Marianne est passée trois fois devant la pâtisserie.
2. Les enfants ne sont pas rentrés.
3. Elle est sortie avec Mathieu.
4. Roméo et Juliette ne se sont pas mariés.
5. Est-ce qu'elles sont retournées en Chine?
6. Nous sommes descendu(e)s dans les Catacombes?
7. La leçon? Je ne l'ai pas comprise.
8. Quelles fenêtres avez-vous ouvertes?

III. Qu'ont fait ces personnes célèbres?
1. Napoléon a fini sa vie emprisonné dans une île.
2. Marie-Antoinette est morte sur la guillotine.
3. Pasteur a inventé le vaccin contre la rage.
4. Marie Curie a été la première femme à recevoir le prix Nobel.
5. Les frères Lumière ont tourné les premiers films.
6. Les Français ont offert la Statue de la Liberté au peuple américain.
7. Le général Patton a eu beaucoup de popularité parmi ses troupes.
8. Christophe Colomb a découvert l'Amérique.

IV. Des personnes organisées
1. *Avant un voyage.*
   Sabine a regardé... Elle a choisi... Elle est allée... Elle a fait... Elle a loué... Elle a préparé... Elle a dit... Elle est enfin partie.
2. *Avant un examen*
   J'ai révisé... J'ai étudié... Je me suis couché(e)... Je ne suis pas sorti(e)... Je me suis réveillé(e)... J'ai eu...
3. *Un accident*
   Vous avez vu... Vous vous êtes arrêté(e). Vous avez offert... Vous avez téléphoné... Vous avez demandé... Vous avez attendu... Vous avez donné...
4. *Retour de vacances*
   Nous sommes rentrés... Nous avons téléphoné... Nous avons retrouvé... Nous avons caressé... Nous avons arrosé... Nous avons regardé... Nous nous sommes rappelé...

V. Rien à manger
Claire **s'est préparée**. Elle **a mis** son manteau et son chapeau. Elle **est allée** au marché aux poissons et elle **a acheté** du poisson. Puis elle **est passée** à la crémerie et elle **a pris** une bouteille de lait. Elle **est revenue** à la maison; dans l'entrée, elle **a trouvé** une lettre et des fleurs envoyées par son ami. Elle **a posé** le poisson et la bouteille de lait sur la table de la cuisine. Elle **est retournée** dans l'entrée. Elle **s'est assise** sur une chaise et elle a lu la lettre. Elle **a admiré** les fleurs et les **a respirées**. Tout à coup, elle **a entendu** le chat à la cuisine. Elle **s'est levée**

précipitamment et **a couru** à la cuisine: elle **a vu** le chat en train de manger le poisson; elle **a voulu** l'arrêter, mais elle **a renversé** la bouteille de lait qui **est tombée** et **s'est cassée** sur le plancher. Claire **n'a rien eu** à manger pour midi. Elle **a relu** la lettre de son ami et elle **a mis** les fleurs dans un vase. Le chat **a ronronné** et **s'est léché**.

VI. Combien de temps?

1. Combien de temps est-ce qu'ils se sont promenés?
   Ils se sont promenés **pendant** trois heures.
2. Combien de temps avons-nous regardé le film?
   Nous avons regardé le film **pendant** quatre heures.
3. Combien de temps as-tu nagé?
   Tu as nagé **pendant** trente minutes (une demi-heure).
4. Combien de temps ont-ils voyagé?
   Ils ont voyagé **pendant** quatre mois.
5. Combien de temps a duré la guerre?
   La guerre a duré six ans.

VII. Vocabulaire

1. au marché aux poissons
2. parole
3. imperméable
4. chaîne
5. ouvert / mordu / lu
6. renversé
7. s'est jetée
8. caressés
9. messages
10. la cuiller

VIII. Traduction

1. Il est parti sans me parler.
2. Elle a renversé son café.
3. Ils viennent d'arriver.
4. Je t'ai cherché(e), mais je ne t'ai pas trouvé(e).
5. Combien de temps avez-vous (as-tu) voyagé?

IX. Au marché en plein air

Answers will vary.

Chapitre 3

Deuxième partie: exercices écrits

III. Dictée

Cette jeune fille était un cas particulier. Elle allait au lycée et donnait des leçons particulières. Elle empruntait beaucoup de livres à la bibliothèque et lisait le soir, en cachette, grâce à une petite veilleuse. Ses parents ne s'intéressaient pas à ses succès. Toute l'attention était tournée vers le frère, qui était mauvais élève, trichait aux examens, manquait les cours et recevait des mauvaises notes.

IV. Compréhension. Tremblement de terre

1. Il a eu lieu le 17 octobre.
2. Parce qu'elle n'était pas assez solide.
3. Parce qu'elles se trouvaient sur une faille.
4. Parce qu'il n'y avait plus d'eau ni d'électricité.
5. Elles se sont installées sous des tentes.
6. Beaucoup de monde se trouvait devant la télé.
7. Parce que c'était le jour d'un grand match de base-ball.
8. Parce qu'ils ont eu peur.

Troisième partie: exercices écrits

I. Formes de l'imparfait

1. J'appelais
2. elle avançait
3. vous faisiez
4. il pleuvait
5. ils étaient
6. je restais
7. elle avait
8. elle choisissait
9. nous ne riions pas
10. tu dormais
11. tu achetais
12. elle allait

II. Une soirée en famille

1. Mon père se levait
2. On lui apportait
3. Il travaillait ensuite
4. Ma mère et ma sœur déjeunaient
5. Je n'avais aucune heure fixe
6. j'étais censé étudier
7. je ne faisais rien
8. on sonnait le dîner
9. que l'on servait
10. La grand'salle était
11. On dînait et l'on soupait
12. on venait se placer

III. Un miracle

1. L'année dernière elle **prenait** rarement un bain, cette année elle **prend** un bain tous les jours.
2. L'année dernière elle **manquait** souvent l'école, cette année elle **ne manque jamais** l'école.

3. L'année dernière elle **dormait** pendant les cours, cette année elle **ne dort pas**.
4. L'année dernière elle **trichait**, cette année elle **ne triche pas**.
5. L'année dernière elle **allait** au café et **buvait** un whisky, cette année elle **va** au café et **boit** un jus d'orange.
6. L'année dernière elle **ne rangeait pas** sa chambre, cette année sa chambre **est** toujours impeccable.
7. L'année dernière elle **sortait** le soir en cachette, cette année elle **reste** à la maison et **étudie** ses leçons.
8. L'année dernière elle **avait** vraiment des problèmes, cette année elle **est** parfaite et **fait** la joie de ses parents.

IV. Victoires du féminisme
faisaient / lavaient / nettoyaient / rangeaient / s'occupaient / n'avaient / recevaient / participent / lavent / nettoient / rangent / s'occupent des enfants / reçoivent

V. Question de chance
1. Avant: M. Fauché n'avait pas de voiture, il allait à son travail en métro.
   Hier: Il s'est acheté une Rolls. Il a engagé un chauffeur.
2. Avant: Il portait des vêtements qu'il achetait aux puces.
   Hier: Il est allé chez Yves Saint-Laurent et il a commandé deux douzaines de costumes.
3. Avant: Il mangeait très peu, ne buvait pas de vin.
   Hier: Il a fait des commissions dans une épicerie de luxe et a rempli trois chariots.
4. Avant: Il vivait dans une petite chambre, sous les toits.
   Hier: Il a loué un appartement de dix pièces.
5. Avant: Il ne sortait pas, ne pouvait pas aller au cinéma.
   Hier: Il a pris des billets pour tous les spectacles.
6. Avant: Il ne voyageait jamais.
   Hier: Il a réservé une cabine sur un bateau pour faire le tour du monde.
7. Avant: Il était très seul, sans amis, sans famille.
   Hier: Il a reçu des lettres de cousins, d'amis dont il ignorait l'existence.
8. Avant: M. Fauché n'avait pas beaucoup de joies dans la vie.
   Hier: Est-ce qu'il a trouvé le bonheur?

VI. Vocabulaire
1. gratuits
2. éclairage
3. m'inscrire
4. fait partie
5. s'apercevaient
6. veilleuse
7. le bulletin scolaire
8. fait des remplacements
9. faire un emprunt
10. la bibliothèque

VII. Traduction
1. Je devais laver la vaisselle.
2. Mettez-vous (Mets-tu) de l'argent de côté?
2. Elle lisait en cachette.
4. Il devait faire froid.
5. Elle suivait un cours de maths.

VIII. Fait divers
Answers will vary.

Chapitre 4

Deuxième partie: exercices écrits

IV. Compréhension. Opération «Justice»
1. Il avait mangé la pâtée du chien.
2. Il a mis le chat dehors.
3. Il avait mangé la côtelette de la femme de Raymond.
4. Il a mis le chien dehors.
5. Parce qu'elle avait mangé son bifteck.
6. Il découvre qu'il avait bu le lait du chat.
7. Il a fait rentrer tout le monde et il est sorti.

Troisième partie: exercices écrits

I. Formes du plus-que-parfait
1. Il avait été écrasé.
2. On lui avait répondu.
3. Il s'était habitué.
4. Tu t'étais assis(e).
5. Nous nous étions mariés tard.
6. Tu avais reconnu le chien.
7. Ces choses étaient arrivées.
8. Il avait lu le journal.
9. Elle s'était sentie seule.
10. Il avait fallu chercher un autre chien.

II. L'histoire du Tchèque
1. Un homme était parti...
2. il était revenu
3. il avait laissé...

4. était allé...
5. ne l'avait pas reconnu
6. il était entré.
7. il avait eu l'idée
8. Il avait montré son argent.
9. ...sa mère et sa sœur l'avaient assassiné...
10. et avaient jeté...
11. la femme était venue,
12. avait révélé...
13. La mère s'était pendue.
14. La sœur s'était jetée...

III. Passé composé et imparfait ensemble

1. a acheté / restait
2. sommes arrivés / dormait
3. a parlé / venait
4. se sont mariés / étaient fiancés
5. n'ai pas compris / arrivait
6. ai entendu / vivait
7. a remercié / montrait
8. avons écouté / avions

IV. Passé composé et plus-que-parfait ensemble

1. Elle m'a rendu les livres que je lui avais prêtés.
2. C'est étrange, ils ont reçu en janvier une lettre que nous avions écrite en novembre.
3. Elle n'a pas été contente parce que j'avais oublié notre rendez-vous.
4. Tu as manqué ton train parce que tu étais parti trop tard.
5. Il a acheté un chien parce qu'il avait perdu sa femme.
6. Au commissariat, on lui a dit qu'on n'avait pas trouvé son portefeuille.
7. Il a demandé à l'employé ce qui était arrivé.

V. Remède à tout

1. Je me suis mise au régime parce que j'avais trop grossi.
2. Le chirurgien m'a opérée parce qu'il avait diagnostiqué une crise d'appendicite.
3. On lui a fait des piqûres parce que son estomac n'avait pas supporté les pilules.
4. On m'a mis un plâtre parce que je m'étais cassé la jambe.
5. Le docteur m'a ordonné de prendre des vitamines parce que j'avais trop souvent souffert d'anémie.
6. Elle est allée dans un sanatorium parce qu'elle avait eu plusieurs pneumonies l'année précédente.

VI. Respectez la propriété des autres!

M. Vincent **avait** une belle voiture neuve qu'il **prêtait** quelquefois à sa fille Julia. Un jour, Julia **a eu** un petit accident et la peinture de la portière droite **a été** abîmée. Ce n'**était** pas très visible, mais enfin, la voiture n'**était** plus neuve. Julia **n'a rien dit** et **a rentré** la voiture au garage. Le lendemain, M. Vincent **a vu** la portière abîmée. Bien sûr, il **a réagi** violemment. Il **a deviné** ce qui **était arrivé**. Il **a appelé** Julia et lui **a demandé**:
«Qu'est-ce qui **est arrivé** à ma voiture?» —Rien, papa. —Tu **as eu** un accident? —Moi? Non, papa, je suis en excellente santé. —Toi, oui, mais ma voiture? J'**ai remarqué** que la peinture de la portière droite **était** abîmée. —Je ne sais pas ce qui **est arrivé** papa. —Sans doute quelqu'un t'**a accroché** dans un parking.» M. Vincent **est allé** alors dans la chambre de Julia, **a arraché** les posters, **a renversé** les livres, **a jeté** les vêtements sur le tapis. Julia **est entrée**, **a vu** le désastre et **s'est exclamée**: «Papa, qu'est-ce que tu fais?» M. Vincent **a dit**: «Moi? Rien. Il y **a eu** un tremblement de terre sans doute. Je suis aussi innocent que toi pour ma voiture.» Julia **a compris** la leçon, **s'est excusée** et **a promis** d'être plus honnête à l'avenir.

VII. Imparfait ou passé composé?

La Fontaine **avait** l'habitude de manger tous les jours une pomme cuite. Un jour, pour la laisser refroidir, il en **a mis** une sur la tablette de la cheminée et, en attendant, il **est allé** chercher un livre dans sa bibliothèque. Un de ses amis **est entré** alors dans la chambre, **a aperçu** le fruit et **l'a mangé**. En rentrant, La Fontaine **n'a plus vu** la pomme et **a deviné** ce qui **était arrivé**. Alors, il **s'est écrié**: —Ah! Mon Dieu! Qui **a mangé** la pomme que j'**avais mise** ici? —Ce n'est pas moi, **a répondu** l'autre. —Heureusement, mon ami. —Pourquoi? —Parce que j'**avais mis** du poison dedans pour empoisonner les rats. —Du poison? s'est exclamé l'autre, je suis perdu! —N'aie pas peur, lui **a dit** La Fontaine en riant, c'est une plaisanterie que j'**ai faite** pour savoir qui **avait mangé** ma pomme.

VIII. Vocabulaire

1. commissariat
2. les chemins de fer
3. à la retraite
4. mauvais caractère
5. faire du théâtre
6. genoux
7. pommade chinoise
8. poils
9. la vieillesse
10. a épousée

IX. Traduction

1. J'ai faim et j'ai soif.
2. Il avait l'air content.
3. J'avais envie de faire du théâtre.
4. Je n'avais pas sommeil.
5. Elle s'ennuie.

6. Etes-vous ennuyé?
7. Le vieil homme venait de mourir.

X. Chez le vétérinaire
Answers will vary.

Chapitre 5

Deuxième partie: exercices écrits

III. Dictée
Quand Daniel passa son bac, son père lui donna de l'argent pour faire un voyage. Daniel partit avec un ami. Ils firent de l'auto-stop. Ils voyagèrent en train, et sur le dos d'un éléphant. Ils visitèrent tous les pays d'Afrique. Ils eurent beaucoup d'aventures. Ils furent à moitié asphyxiés par la poussière, virent des animaux en liberté, connurent les tribus du désert, mangèrent des choses bizarres, achetèrent des bijoux africains, perdirent leurs chaussures. Ils revinrent sans argent, mais contents.

IV. Compréhension. Preuves d'amour
1. C'étaient ses cheveux.
2. C'était sa montre en or.
3. Non, ils n'avaient pas d'argent. Ils étaient pauvres.
4. Elle fit couper ses cheveux et les vendit à un fabricant de perruques.
5. Elle acheta une chaîne en or pour sa montre.
6. Il avait vendu sa montre.
7. Pour acheter des peignes pour les cheveux de sa femme.
8. Roland et Céline n'avaient plus besoin de ces cadeaux. Les cadeaux étaient devenus inutilisables.

Troisième partie: exercices écrits

I. Formes du passé simple
1. elle fut
2. elles dirent
3. ils virent
4. ils mirent
5. il courut
6. nous entrâmes
7. elle put
8. nous arrivâmes
9. ell vint
10. elle eut

II. Suite de l'histoire
Il réussit à ses examens de sciences économiques. Il trouva un poste formidable. Il devint le directeur général d'une grande compagnie. Il voyagea aux Etats-Unis. Il rencontra une jeune fille belle et intelligente. Ils se marièrent. Ils firent construire une maison. Ils eurent trois enfants. Lui et sa femme furent heureux.

III. Trouvez l'inventeur!
1. Qui **inventa** l'imprimerie? Gutenberg...
2. Qui **conçut** le principe de la machine à coudre? Singer...
3. Qui **eut** l'idée de la machine à écrire? Remington...
4. Qui **fabriqua** la première voiture à essence? Benz...
5. Qui **utilisa** le premier téléphone? Edison...
6. Qui **furent** les premiers fabricants de papier? Les Chinois...

IV.
1. il est revenu
2. elles sont passées / elles ont passé
3. elle est sortie
4. il a emmené
5. nous avons décidé
6. ils ont mis
7. il a plongé
8. elle a couru
9. elles ont entendu
10. ils sont devenus

V. Le passé simple, le passé composé et l'imparfait
Le cardinal Dubois **mangeait** habituellement une aile de poulet tous les soirs. Un jour, à l'heure du dîner, un chien **emporta** le poulet. Ses domestiques **furent / étaient** très inquiets, car le Cardinal **se mettait** facilement en colère. Ils **mirent** immédiatement un autre poulet à la broche. Le Cardinal **demanda** à l'instant son poulet; son maître d'hôtel lui **dit**: «Monseigneur, vous **avez soupé**. —J'ai **soupé**? dit le Cardinal. —Mais oui, Monseigneur. Il est vrai que vous **paraissiez** très occupé; vous **avez** sans doute **oublié**. Mais si vous **voulez**, on vous **servira** un autre poulet.» A ce moment le médecin du Cardinal, qui lui **rendait** visite tous les jours, **arriva**. Vite les domestiques le **prévinrent** et le **prièrent** de les aider. «Parbleu, **dit** le Cardinal, voici quelque chose d'étrange; mes domestiques me **disent** que **j'ai soupé**. Je ne m'en **souviens** pas et de plus, je **me sens** plein d'appétit.» Le médecin **l'assura** que sans doute il **était** fatigué, mais qu'il **pouvait** manger de nouveau sans danger et que son appétit **était** signe d'une bonne santé. On **apporta** le poulet, le Cardinal le **dévora** et **fut** d'excellente humeur.

VI. Vocabulaire
1. le baccalauréat
2. vestiaire
3. une baignoire
4. ressembles à
5. collectionnez
6. allongent
7. à moitié
8. en liberté
9. tout habillé
10. éducative

VII. Traduction
1. Servez-vous!
2. Je ne sais pas comment m'en servir.
3. A quoi ça sert?
4. Lorsque (Quand) nous voyageons, nous faisons de l'auto-stop.
5. Ce bébé mange seul (tout seul).
6. J'aime lire allongé sur le ventre.
7. Daniel sait chanter.
8. Ils (Elles) connaissent l'Afrique et l'Inde.

VIII. Vocabulaire
1. prendre un bain de soleil—cette expression ne concerne pas la toilette
2. un wagon—ce mot n'appartient pas au vocabulaire du bébé
3. un magnétoscope—ce n'est pas un appareil pour écouter de la musique mais plutôt pour visionner quelque chose
4. un saxophone—ce n'est pas un instrument à cordes
5. faire de l'auto-stop—ce n'est pas l'apprentissage d'une science

IX. Après-midi dans un square
Answers will vary.

Chapitre 6

Deuxième partie: exercices écrits

IV. Compréhension. Histoire de fous
1. les poux
2. les genoux
3. les hiboux
4. des joujoux
5. des cailloux
6. des bijoux
7. mon petit chou
8. les fous

Troisième partie: exercices écrits

I. Masculin et féminin
1. un directeur jaloux
2. un coq blanc
3. un chanteur canadien
4. un mauvais époux
5. un beau monsieur
6. un prince distingué
7. un ami favori
8. un pianiste célèbre
9. un taureau roux
10. un neveu étranger

II. Pluriel des noms et des adjectifs
1. les yeux bruns
2. des rails bleus
3. des chevaux fous
4. les nez droits
5. les eaux sales
6. les voix basses
7. des messieurs sérieux
8. les ciels gris
9. des cailloux blancs
10. les premières années

III. Genre et place des adjectifs
1. Vous avez une belle bicyclette neuve.
2. J'adore mon nouvel anorak bleu.
3. Regardez la première page blanche.
4. Ils forment un jeune ménage harmonieux.
5. Il y a une bonne boulangerie française.
6. Prends le gros dictionnaire vert.
7. Ils ont fait une longue promenade reposante.
8. Tu mets tes vieilles chaussures noires.
9. Apporte des petites galettes sèches.
10. Elle adore la grande musique italienne.

IV. Genres et nombres
1. Peau est un nom féminin se terminant en **-eau**.
2. Musée est un nom masculin se terminant en **-ée**.
3. Chandail a son pluriel en **-ails** et non en **-aux**.
4. Pneu a son pluriel en **-s** et non en **-x**.
5. Final a son pluriel en **-als** et non en **-aux**.
6. Bleu se place après le nom, les autres adjectifs avant.

V. Vocabulaire
1. bocaux
2. cabinet de consultation
3. renseignements
4. le tramway
5. mon ordonnance
6. séchée
7. intriguée
8. directions
9. se pèse
10. pastilles

VI. Traduction
1. Un ancien professeur.
2. Une horloge ancienne.
3. Est-ce que je suis supposé vous connaître?
4. Nous avons fait un tour dans la tour.
5. Il a un poste à la poste.

VII. A la pharmacie
Answers will vary.

Chapitre 7

Deuxième partie: exercices écrits

III. Dictée

Agnès n'est pas contente. Les garçons ont fait le marché mais ils ont acheté trop de victuailles. Ils ont tout sorti pêle-mêle: tire-bouchon, bac à glaçons, ouvre-boîte, casseroles, décapsuleur. Puis ils ont tout laissé en plan et sont allés regarder l'émission sportive. Pendant qu'Agnès épluche le cresson dans l'évier, Ketty s'occupe de tout: elle prépare la vinaigrette, découpe le poulet, dispose les fromages sur un plateau, et place tout sur une table roulante. Ces messieurs sont servis!

IV. Compréhension. Projets de vacances

1. Elles parlent de leurs vacances de l'été prochain.
2. Elle propose des vacances en camping sur la Côte d'Azur.
3. Il y a trop de monde; les terrains de camping sont pleins de gens.
4. S'il pleut, il fait froid et on s'ennuie; s'il fait chaud, on meurt de chaleur.
5. Les animaux vous réveillent: les poules, les canards, les vaches.
6. Elle propose des vacances à l'étranger.
7. Il est fatigué et il ne parle pas les langues étrangères.
8. Il décide qu'ils vont rester à Paris parce que c'est calme et désert, en été.

Troisième partie: exercices écrits

I. Choix de l'article

1. A Nice, il y a **des** marchés dans toute **la** ville: **le** marché **aux** fleurs, **le** marché **aux** poissons, **le** marché **aux** légumes.
2. Il y a **un** marché, en particulier, près **de la** Préfecture **de** Police.
3. C'est **le** marché que je préfère: c'est **le** plus gai et **le** plus pittoresque de **la** ville.
4. Un jour, je suis allée **au** marché.
5. J'y ai acheté **des** quantités **de** légumes: **des** carottes, **des** courgettes, **des** tomates et **une** laitue, **des** olives.
6. **Les** tomates et **les** olives poussent bien dans **le** Midi **de la** France.
7. Elles entrent dans **la** composition de la plupart **des** plats.
8. **Les** olives sont macérées dans **l'**huile (**de l'**huile).
9. J'ai acheté aussi **un** gros poisson à faire cuire **au** four, **des** poissons de roche et **des** crabes pour faire **une** bouillabaisse.
10. **La** bouillabaisse est **un** plat célèbre dans **le** Midi.
11. Avez-vous jamais mangé **de la** bouillabaisse?
12. C'est **une** expérience gastronomique unique.
13. J'ai acheté beaucoup **de** fruits.
14. **Les** fruits poussent surtout dans **la** vallée **du** Rhône, mais **les** marchands apportent dans cette ville **des** melons, **des** pêches et **des** abricots de leurs vergers.
15. **Les** oranges ne poussent pas bien dans **le** Midi.
16. Il n'y a pas **de** citrons non plus; c'est parce que **le** climat n'est pas assez chaud.
17. J'ai aussi acheté **des** fleurs.
18. **Le** marché **aux** fleurs **de** Nice est **le** plus connu **de** cette région.
19. En hiver on rapporte de Nice **des** œillets et **du** mimosa **aux** amis de Paris, où **les** fleurs ne poussent qu'au printemps.

II. Voyages bien organisés

1. **En** Grèce, j'ai adoré **les** ruines anciennes et **les** petites églises byzantines. Je me suis baigné dans **la (une)** mer turquoise. J'ai bu **du** vin résiné et mangé **des** pâtisseries très sucrées.
2. **En** Egypte, j'ai admiré **la** Grande Pyramide et **le** Sphinx. J'ai acheté **des** bijoux d'argent **au** bazar et j'ai mangé **une** excellente soupe **aux** lentilles.
3. **A** Salzbourg, j'ai visité **des** palais et **la** maison de Mozart. J'ai écouté **des** valses viennoises **à la** terrasse d'un café et j'ai bu **du** chocolat viennois.
4. **A** Moscou, j'ai attendu longtemps sur **la** Place Rouge pour voir **le** Mausolée de Lénine. J'ai mangé **de la** soupe **aux** choux à tous **les** repas.
5. **A la** Martinique, j'ai pris **des** bains de soleil sur **les (des)** plages blanches et j'ai mangé **du** poisson grillé **au** bord **de la** mer.
6. **Au** Mexique, j'ai passé toute **la** journée **au** Musée Archéologique, j'ai admiré **les** pyramides **de la** lune et **du** soleil, j'ai mangé **des** tacos et **des** burritos.
7. Je suis rentré chez moi et j'avais **une** indigestion de nourriture et **de** voyages.

III. Que font-ils? Que vendent-ils? A quoi jouent-ils? De quoi jouent-ils?

1. Steffi Graf fait du tennis.
2. Les Japonais font des autos.
3. Les Canadiens jouent au hockey sur glace.
4. Rubinstein joue du piano.

5. YoYo Ma joue du violoncelle.
6. Les Brésiliens jouent au football.
7. Les "Fine Young Cannibals" jouent du rock.
8. Les Suisses font des montres.
9. Yves Saint-Laurent vend du parfum.

IV. Visite au supermarché
Answers will vary.

V. Vocabulaire

1. secoue
2. m'affaire
3. le tire-bouchon
4. le compotier
5. s'immobilisent
6. glaçons
7. pêle-mêle
8. réclamations
9. sans cérémonie
10. paresseux

VI. Traduction

1. Ne t'inquiète pas (Ne vous inquiétez pas).
2. Il a tout laissé en plan.
3. Elle sait s'occuper de tout.
4. Voulez-vous (Désirez-vous) encore du café?
5. La plupart des Français fument.
6. A la Martinique, il y a des plages magnifiques.

VII. Un dîner chez les Dorin
Answers will vary.

Chapitre 8

Deuxième partie: exercices écrits

IV. Compréhension. Un voyage extraordinaire

1. Ils ont trouvé des petits restaurants sympas.
2. Non, ils trouvent que la cuisine française est meilleure.
3. Le métro est très sale.
4. Nice est moins humide que Miami.
5. Le jazz était super.
6. Les vins californiens ne sont pas aussi fins que les vins français.
7. M. Renaud a trouvé Los Angeles super-encombré, encore plus que Paris.
8. Les salles de bain sont mieux équipées.
9. Oui, ils sont contents de leur voyage.
10. Non, il ne dit pas la vérité. Il a constamment comparé la France et les Etats-Unis.

Troisième partie: exercices écrits

I. Le comparatif

1. Un voyage en avion est plus fatigant qu'un voyage en bateau.
2. Les jupes cette année sont plus longues que l'année dernière.
3. L'est du pays est moins sec que l'ouest.
4. Janine conduit moins prudemment que sa sœur.
5. Il y a moins de végétation en Californie qu'en Oregon.
6. Ton frère réussit aussi bien que toi.
7. Ce médicament ne me fait pas autant de bien que l'autre.
8. Tu es aussi heureuse dans ta petite maison que moi dans mon grand appartement.

II. Meilleur / mieux

1. meilleur
2. mieux
3. mieux
4. meilleur
5. mieux
6. meilleures
7. mieux
8. mieux / meilleure

III. Plus petit, moindre, plus mauvais, pire

1. moindre
2. plus mauvais (pires)
3. plus petit
4. plus mauvais
5. pire

IV. Le superlatif

1. La Rolls est la voiture **la plus chère** du monde.
2. Miss Wisconsin a été élue **la plus belle** fille des Etats-Unis.
3. Vous avez acheté le bifteck **le plus dur** du marché.
4. Ces exercices sont **les plus difficiles** du livre.
5. C'est Pierre qui travaille **le mieux**.
6. L'année dernière, ils ont eu **les pires** ennuis de leur vie.

V. Supériorité mondiale

1. Quel est le pays où il pleut **le plus**? e. Kauai
2. Quel est l'endroit où il fait **le plus chaud**? c. le Sahara
3. Quel est le pays où les spaghettis sont **les meilleurs**? j. l'Italie
4. Quel est le pays où on boit **le plus de lait**? f. les Etats-Unis
5. Quel est le pays où on mange **le plus de riz**? d. la Chine
6. Quel est le pays où on fabrique **le plus de voitures**? b. le Japon
7. Quel est le pays où on fabrique **le plus de fromages**? a. la France
8. Quel est le pays où les pingouins sont **les plus nombreux**? g. le pôle Sud
9. Quel est le pays où vit la femme **la plus riche**? b. l'Angleterre

10. Quel est le pays où il y a **le plus de sources** d'eau chaude naturelles? i. l'Islande

VI. Vocabulaire

1. le volant
2. se confier
3. blasés
4. feu rouge
5. les piétons
6. tranquille
7. vitesse
8. prudemment
9. clignotant
10. fléau

VII. Traduction

1. Faisons un voyage en Europe. Préférez-vous (Préfères-tu) voyager en bateau plutôt que de prendre l'avion (qu'en avion)?
2. Je préfère l'avion. En bateau, j'ai le mal de mer, et je ne peux pas manger.
3. Mais vous êtes (tu es) aussi malade en avion qu'en bateau.
4. C'est vrai, mais le voyage ne dure pas aussi longtemps; je ne souffre pas autant qu'en bateau.
5. Eh bien, prenons l'avion!
6. Quels pays préférez-vous (préfères-tu) visiter cette fois? Nous avons déjà visité (vu) les pays du Nord. Je préfère voir des pays différents des pays où nous avons voyagé la dernière fois.
7. Eh bien, il paraît que les hôtels suisses sont les plus chers d'Europe, mais ils sont plus confortables que tous les autres.
8. C'est vrai, mais les petits déjeuners anglais sont les plus copieux de tous.
9. Les petits déjeuners sont copieux, mais les autres repas sont les plus mauvais de toute l'Europe.
10. La cuisine française est la meilleure.
11. Oui, et les fromages français sont plus célèbres que les fromages allemands.
12. C'est exact (vrai), mais la bière allemande est meilleure que la (bière) française.
13. Et l'Italie? Il y a des restaurants plus intéressants que dans la plupart des autres pays.
14. Et aussi, leurs spaghettis sont les plus délicieux du monde.
15. En Grèce, les pâtisseries sont plus sucrées qu'ailleurs.
16. En Espagne, la sangria...
17. Plus nous parlons de voyage (de voyager), plus j'ai faim.
18. Je connais un excellent restaurant international. Allons-y et oublions notre voyage. Finalement, ce sera plus économique et moins fatigant.

VIII. Un croisement dangereux

Answers will vary.

Chapitre 9

Deuxième partie: exercices écrits

IV. Compréhension. Un mauvais secrétaire

1. Parce que la machine à écrire ne marchait pas.
2. Non, il n'avait plus de timbres.
3. Parce qu'il n'a pas pu trouver ses notes, et ensuite parce qu'il n'avait plus d'inspiration.
4. Il répond au téléphone.
5. Parce que personne n'a appelé.
6. Elle n'est ni patiente ni juste.
7. Non, il n'a guère d'expérience. (Il n'a pas beaucoup d'expérience.)
8. Il est plein de bonne volonté et il n'a pas de malice.
9. Elle renvoie le secrétaire.

Troisième partie: exercices écrits

I. Formes de la négation

1. Je n'aime personne.
2. Je n'ai rien acheté au marché aux puces.
3. Je ne vais jamais faire de ski.
4. Je ne vous ai pas tout raconté / Je ne vous ai rien raconté.
5. Je n'ai pas beaucoup de loisirs / Je n'ai aucun loisir.
6. Je ne suis pas encore fatigué.
7. Je n'ai plus faim.
8. Personne ne m'a vu entrer.
9. Je n'ai aucun désir de sortir ce soir.
10. Rien ne me plaît.

II. Place de la négation

1. Il n'aime ni le jazz ni la musique classique.
2. Ils n'ont rencontré personne.
3. Elle n'a eu aucun chagrin.
4. Vous ne vous êtes pas beaucoup amusé.
5. Tu n'as jamais vu ce film?
6. Ni Jacques ni Paul ne nous ont écrit.
7. Elle n'a pas encore compris.

III. Négations composées

1. Elle n'entend jamais rien.
2. Ne racontez rien à personne.
3. Je ne dirai plus rien à personne.
4. Nous n'irons jamais plus à ce supermarché.

IV. Only = ne... que / seulement, seul

1. Je n'ai lu qu'un roman de Sartre. / J'ai lu seulement un roman de Sartre.
2. Il ne mange que des légumes / Il mange seulement des légumes.
3. Il ne travaille que trois jours par semaine. / Il travaille seulement trois jours par semaine.
4. Elle ne se confie qu'à son amie Anne. / Elle se confie seulement à son amie Anne.
5. Seule Marie (Marie seule) a compris le problème.
6. Il espère seulement que vous allez l'écouter.
7. Seulement trois semaines jusqu'aux vacances!
8. Seule Jeanne (Jeanne seule) a trouvé la réponse.

V. Négativité

1. Non merci, je n'ai pas besoin de produit Miracle, je ne possède aucun meuble.
2. Non merci, je n'ai pas le temps, je ne supporte pas l'odeur de la peinture.
3. Je n'ai rien acheté d'inutile et je ne mange jamais au restaurant.
4. Je n'ai pas encore fini mon travail et je n'aime pas la musique rock.
5. Personne ne m'a dit qu'il y avait un examen, je ne manque jamais la classe un jour pareil.
6. Je n'allais pas vite, je n'ai pas vu de panneau (je n'ai vu aucun panneau) indiquant la vitesse limite.

VI. Vocabulaire

1. De quoi s'agit-il
2. confondre
3. avertir
4. grenier
5. brillent
6. sent le roussi
7. Tout de suite
8. se disputent
9. est assuré

VII. Traduction

1. Cela ne vous (te) regarde pas.
2. De quoi s'agit-il?
3. Il n'y a jamais personne.
4. Je veux vous (te) demander un service.
5. Ça ne marche pas.
6. Moi non plus.

VIII. Eteignez bien vos feux de camp!

Answers will vary.

Chapitre 10

Deuxième partie: exercices écrits

III. Dictée

Jérôme et Sylvie partirent en province, le magnétophone sous le bras. Ils administrèrent des questionnaires, interviewèrent des mères de famille dans les H.L.M., à la sortie des écoles. Les questions les plus fréquentes étaient: Que pense-t-on de la retraite des vieux? A quoi faites-vous attention quand vous choisissez un aspirateur? De quoi vous servez-vous quand vous faites une purée? De sachets de poudre ou de vraies pommes de terre? Quelle sorte d'eau minérale achetez-vous? D'après les réponses, ils ont fait une étude psycho-sociologique de la société française.

IV. Compréhension: Le jeu des dix questions

1. Qu'est-ce que le riz?
2. Que sont les Alpes?
3. Qui est Gandhi?
4. Qui est Beethoven?
5. Qu'est-ce qu'un ouvre-boîte?
6. Que sont la Guadeloupe et la Martinique?
7. Qu'est-ce qu'un magnétophone?
8. Qui est Jeanne d'Arc?
9. Qu'est-ce que c'est que Peugeot?
10. Qu'est-ce que le champagne?

Troisième partie: exercices écrits

I. Pronoms de choix

1. Laquelle
2. Laquelle
3. duquel
4. lequel
5. auquel
6. Lequel

II. Mots interrogatifs

Mon Dieu, je ne trouve plus mon porte-monnaie. **Qu'est-ce que** j'en ai fait? **Où** l'ai-je mis? Voyons. Je l'avais quand je suis allée au marché. **Est-ce que** je l'ai perdu? Ou bien, on me l'a volé? **Qui** aurait pu me le prendre? **Comment** allons-nous vivre tout le reste de la semaine? **Que** va dire mon mari? **Comment** lui expliquer que nous n'avons plus un sou? Allons, cherchons bien. **Est-il** dans mon sac, dans mon panier à provisions? Non. Mais **qu'est-ce qui** fait une bosse dans la poche de mon manteau? Ah! Voilà, je l'ai trouvé!

III. Pronoms interrogatifs

1. Qu'
2. De quoi
3. Que
4. Qu'est-ce que
5. A quoi
6. Quelle
7. Qu'est-ce que
8. A qui
9. Qu'est-ce qui
10. Qu'

IV. Pronoms interrogatifs

1. Qu'est-ce qu'ils attendent?
2. Qui vous (t')a écrit?
3. Qu'est-ce qui l'intéresse?
4. De quoi as-tu envie?
5. Que veux-tu acheter?
6. Où habitent-ils?
7. Que fait votre (ton) père?
8. Qu'est-ce qui sonne?
9. Avec qui sort-elle?
10. A quoi pense-t-il?
11. Qu'est-ce qu'un diplodocus?
12. Quelles sont vos (tes) occupations préférées?

V. Vocabulaire

1. toussez
2. faire tenir
3. en boîtes
4. lessive
5. magnétophone
6. onctueuse
7. fais confiance
8. boissons alcoolisées
9. papeterie
10. teindre

VI. Traduction

1. Qu'est-ce qui ne va pas?
2. Qu'est-ce que vous devenez (tu deviens)?
3. Qu'est-ce que c'est?
4. Qu'est-ce qui se passe?
5. Quelle est la différence?

VII. Une enquête dans une grande surface.
Answers will vary.

Chapitre 11

Deuxième partie: exercices écrits

IV. Compréhension. L'équipage est au complet

1. Ils vont faire un voyage en voilier pendant les grandes vacances.
2. Elle l'invite pour compléter l'équipage.
3. Non, elle n'a jamais navigué, mais elle est bonne cuisinière.
4. Elle a peur d'avoir le mal de mer.
5. Elle va emporter beaucoup de dramamine.
6. Le voyage va durer un mois.
7. Stéphanie veut emmener son chien Fido.
8. Parce que Fido est un Saint-Bernard, et il n'y a pas assez de place.
9. Elle dit qu'elle ne peut pas vivre sans son chien et que son chien ne peut pas vivre sans elle.
10. Elle pense qu'un mois sur un voilier, comme cuisinière pour six, ce n'est pas le rêve!

Troisième partie: exercices écrits

I. Formes des pronoms

1. Elle les mange.
2. Vous en cherchez?
3. Nous l'étudions par cœur.
4. Il l'attend au café.
5. Marcel leur apprend la nouvelle.
6. J'en profite.
7. Il en a eu plusieurs.
8. Je sais en jouer.
9. Vous y pensez.
10. Il y fait attention.

II. Formes et place des pronoms

1. Elle la lui donne.
2. Je le lui prête.
3. Tu lui en empruntes.
4. Vous lui en envoyez.
5. Patrick la leur présente.
6. Il s'en occupe.
7. Vous y pensez.
8. Tu penses à elle.
9. Ils n'y tiennent pas.
10. Elle leur en donne.

III. Formes et place des pronoms à l'impératif

1. Nous les lui donnons. Donnons-les-lui. Ne les lui donnons pas.
2. Vous leur en envoyez. Envoyez-leur-en. Ne leur en envoyez pas.
3. Tu le lui prêtes. Prête-le-lui. Ne le lui prête pas.
4. Nous y pensons. Pensons-y. N'y pensons pas.

IV. Une secrétaire parfaite

1. Rangez-les! Je les ai déjà **rangés**.
2. Ecrivez-le! Je l'ai déjà **écrit**.
3. Envoyez-les-lui! Je les lui ai déjà **envoyés**.
4. Préparez-le! Je l'ai déjà **préparé**.
5. Collez-les! Je les ai déjà **collées**.
6. Téléphonez-leur! Je leur ai déjà **téléphoné**.

V. Un grand dîner

1. Oui, j'en ai acheté.
2. Non, j'ai oublié de les envoyer.
3. Oui, je l'ai nettoyée.

4. Non, j'ai oublié de les faire.
5. Oui, je lui ai téléphoné.
6. Oui, je vais le mettre.

VI. Un garçon consciencieux
1. Sers-lui-en un.
2. Demande-lui de le payer.
3. Demande-le lui.
4. Dis-leur qu'on n'en a pas (que nous n'en avons pas).
5. Demande-lui si on peut lui en donner une.
6. Donne-lui-en un peu.

VII. Vocabulaire
1. imbécile
2. voilier
3. le pont
4. l'équipage
5. la peste
6. remue
7. l'école communale
8. santé
9. quarantaine
10. empêche

VIII. Traduction
1. Je pense à elle chaque jour.
2. Laissez-moi vous raconter ma vie.
3. Cela ne vaut pas la peine.
4. Il l'a fait exprès.
5. Dites(Dis)-le-lui de ma part.
6. Il est comme ça.

IX. A la poste
Answers will vary.

Chapitre 12

Deuxième partie: exercices écrits

III. Dictée
Les choses se sont calmées entre les grands et les petits. Camara s'est mis à travailler mieux qu'avant. Il s'est rendu à Paris et s'est attaqué à des études supérieures. Il a rencontré une jeune fille et ils se sont aimés, mais Camara ne s'est pas permis de se laisser distraire, parce qu'il s'était promis de finir d'abord ses études. Puis il est revenu dans son village où ses anciens persécuteurs ne se moquaient plus de lui. Camara ne s'est plus senti plein de haine. Son amie et lui se sont retrouvés et se sont mariés.

IV. Compréhension. Un père juste
1. Parce que le père d'Henri l'a battu.
2. Adrien se promenait avec Justin; le père d'Henri s'est précipité sur Adrien et lui a donné une fessée.
3. Oui, il s'est fâché et il a accusé Adrien.
4. Elles se sont cassées par accident, quand les deux garçons se sont disputés.
5. Non, Adrien pense que ce n'était pas sa faute. Henri n'avait qu'à enlever ses lunettes avant.
6. Il a deux dents cassées et il a mal au nez.
7. Il va parler au père d'Henri.
8. «Je ne dois pas m'attaquer à un plus petit que moi.»

Troisième partie: exercices écrits

I. Formes des verbes pronominaux
1. Elle ne s'est pas lavée.
2. Tu te rappelles.
3. Vous téléphonez-vous?
4. Nous nous précipitions.
5. Je ne me suis pas assis(e).
6. S'étaient-elles aperçues?
7. Il ne s'envolait pas.
8. Nous ne nous enfuyons pas.
9. Elle s'est échappée.
10. Dépêche-toi.

II. Sens des verbes pronominaux
1. *Réfléchi.* She saw herself in the mirror.
2. *Réciproque.* They wrote each other.
3. *Seulement pronominal.* I got lost.
4. *Nouveau sens.* You suspect she lies.
5. *Passif.* This verb is not conjugated.
6. *Réfléchi.* You put make-up on.
7. *Seulement pronominal.* The bird flies away.
8. *Réciproque.* The years follow one another.
9. *Réfléchi.* She looked at herself.
10. *Réciproque.* To kiss one another. *Passif.* It is done.

III. Indépendance
1. Je me réveille tout(e) seul(e).
2. Vous vous êtes perdu(e) tout(e) seul(e).
3. Elle s'endormait toute seule.
4. Elles se maquillent toutes seules.
5. Il s'habille tout seul.
6. Ils se sont rasés tous seuls.

IV. Une personne trop pressée
1. je me suis levé(e).
2. Je ne me suis pas lavé(e) parce que j'avais pris...
3. Je me suis nettoyé(e).
4. Je me suis coiffé(e) et je me suis habillé(e).
5. J'ai regardé l'heure... je me suis aperçu(e) qu'il était...
6. Je me suis dépêché(e).

7. Je ne me suis pas fait...
8. Je me suis contenté(e)...
9. Je me suis précipité(e).
10. Je me suis rendu compte que j'étais...
11. L'autobus s'est arrêté...
12. Je me suis élancé(e) et me suis assis(e)...
13. L'autobus s'est remis en route.
14. L'autobus s'est dirigé...
15. Je m'étais trompé(e)...

V. Recommandation

1. Dépêche-toi!
2. Ne vous faites pas de souci.
3. Accompagnez-moi dans une promenade.
4. Ne t'assieds pas sur le canapé.
5. Ne vous mettez pas en colère.
6. Rappelle-toi.
7. Calmons-nous.
8. Ne nous énervons pas.

VI. Vocabulaire

1. braver
2. un coup d'œil
3. convenable
4. voilà du joli!
5. galette
6. brimades
7. s'échappa (s'est échappé) / se vengea (s'est vengé)

VII. Traduction

1. Donnez-vous la peine de vous asseoir.
2. Il se servit du café / Il s'est servi du café.
3. Je me rends compte que je suis en retard.
4. Dépêche-toi! Souviens-toi! (Rappelle-toi!)
5. Téléphone-moi / Passe-moi un coup de fil.
6. Vous voulez un coup de main?

VIII. En classe

Answers will vary.

Chapitre 13

Deuxième partie: exercices écrits

III. Dictée

Prunelle est comme la majorité des adolescentes. Elle aime porter des jeans et des sweat-shirts couverts d'inscriptions comme: «J'aime dormir en classe», «Née pour ne rien faire». Elle ne se soucie pas de faire sa toilette le matin, et se refuse à ranger sa chambre. Elle néglige de préparer son cartable la veille au soir, et se voit infliger des colles pour oubli d'un livre, d'un cahier. Est-ce que sa mère a raison de protester ou est-ce qu'il vaut mieux se résigner et attendre que Prunelle accepte de prendre ses responsabilités?

IV. Compréhension. Modes d'emploi

1. Le séchoir à cheveux.
2. Un caméscope.
3. Un magnétophone.
4. Une machine à laver.
5. Un frigo.
6. Un chauffe-eau.
7. Un aspirateur.
8. Un micro-ordinateur.

Troisième partie: exercices écrits

I. L'infinitif

1. rejoindre, avoir rejoint
2. falloir, avoir fallu
3. descendre, avoir descendu / être descendu
4. écrire, avoir écrit
5. prendre, avoir pris
6. s'arrêter, s'être arrêté
7. croire, avoir cru
8. sourire, avoir souri
9. venir, être venu
10. vivre, avoir vécu / voir, avoir vu

II. *A*, *de* ou rien?

1. *rien*	6. de	11. *rien*	16. à
2. de	7. à	12. de	17. de
3. à	8. à	13. à	18. *rien*
4. à	9. *rien*	14. de	19. *rien*
5. à	10. de	15. de	20. à

III. Au jardin d'enfants

1. Elle fait jouer les enfants, elles les fait dessiner, elle leur fait colorier des images.
2. Elle regarde les enfants courir, elle les regarde sauter et danser, elle les regarde faire des pâtés de sable.
3. Elle fait faire une sieste aux plus petits, elle fait écouter de la musique aux plus grands.
4. Elle laisse tout le monde crier et chanter.
5. Elle fait préparer le dîner par son mari, elle fait faire la vaisselle à ses enfants.
6. Sa famille la laisse se reposer, la laisse regarder la télé.

IV. Le nouveau secrétaire

1. ... de poster ses lettres
2. ... bavarder
3. ... de servir du café

4. ... à taper assez vite
5. ... de ranger les dossiers
6. ... de travailler
7. ... d'être patiente
8. ... de diminuer son salaire
9. ... de l'avoir engagé
10. ... par le renvoyer
11. ... de trouver un autre secrétaire

V. Recette et mode d'emploi

1. Pour faire une sauce béchamelle, faire fondre du beurre dans une casserole, ajouter de la farine, bien mélanger, laisser cuire la farine un moment. Se servir d'une cuillère en bois. Verser du lait chaud et tourner avec la cuillère. Quand la sauce est devenue épaisse, baisser le feu et ajouter du sel, du poivre, du fromage râpé.
2. Ne pas l'exposer à la pluie ni au soleil. Utiliser des piles de bonne qualité. Ne pas le laisser tomber. Ne le prêter à personne.

VI. Vocabulaire

1. le panier à linge
2. cahier de textes
3. a ramassé
4. a entassé
5. confie
6. récompense
7. tandis que
8. associé
9. autocollants
10. au hasard

VII. Traduction

1. Elle passe son temps à lire.
2. Vous avez (Tu as) oublié d'écrire.
3. Travaillez (Travaille) au lieu de pleurer.
4. Après être monté sur la Tour Eiffel, il a refusé de descendre.
5. Avant de faire vos (tes) devoirs, étudiez votre (étudie ta) leçon.
6. Il est parti sans me regarder.

VIII. Contrastes

Answers will vary.

Chapitre 14

Deuxième partie: exercices écrits

IV. Compréhension. Une vie impossible

1. Il aidera son père à ranger le garage.
2. Alain rencontrera Philippe au stade.
3. Alain courra au magasin du coin.
4. Il prendra du pain à la boulangerie.
5. Parce qu'il sera trop tard pour aller avec Philippe.
6. Il en a assez de recevoir des ordres.
7. L'affiche dit: «Engagez-vous! L'armée prendra soin de votre avenir!»
8. Il va s'engager.
9. C'est Alain qui sera bien attrapé!

Troisième partie: exercices écrits

I. Formes du futur et du futur antérieur

1. ils viendront, ils seront venus
2. tu répondras, tu auras répondu
3. elle montrera, elle aura montré
4. j'entrerai, je serai entré(e)
5. nous dormirons, nous aurons dormi
6. ce sera, ça aura été
7. ils se regarderont, ils se seront regardés
8. vous viendrez, vous serez venus
9. il ira, il sera allé
10. j'enverrai, j'aurai envoyé
11. nous ne saurons pas, nous n'aurons pas su
12. tu voudras, tu auras voulu
13. elles écriront, elles auront écrit
14. vous pourrez, vous aurez pu

II. Emploi du futur

1. Quand le peuple ne **sera** pas content, il **fera** la révolution.
2. Il **faudra** dire bonjour, quand le professeur **entrera**.
3. Tu **verras** ce qui se **passera**.
4. Elles **viendront** dimanche.
5. Il **s'assiéra** (Il **s'assoira**) dans l'herbe et il **s'endormira**.
6. Quand tu **verras** un coucher de soleil, est-ce que cela te **fera** plaisir?

III. Formes et emploi du futur

serai / pourrai / aurai / me lèverai / irai / courrai / me mettrai / prendrai / cultiverai / cueillerai / mangerai / auront fini / aurai / suis / ferai / voudrai / il faudra / mourrai / vaudra

IV. Voyage autour du monde

1. Quand j'irai en Chine, je grimperai sur la Grande Muraille.
2. Si tu fais un voyage à Venise, tu passeras sous le pont du Rialto.
3. Quand tu passeras un mois à Hollywood, tu admireras les Universal Studios.
4. Si tu visites l'Andalousie, tu écouteras des guitaristes de flamenco.
5. Si vous traversez la Sibérie, vous verrez des plaines immenses et vides.

6. Quand tu feras un séjour dans le Midi, tu mangeras de la bouillabaisse.
7. Si elle va à Moscou, elle dansera sur la Place Rouge.

V. Concordance des temps

1. Lorsque le professeur a expliqué la question pour la vingtième fois, les étudiants comprennent enfin. / le professeur avait expliqué... les étudiants comprenaient... / le professeur aura expliqué... les étudiants comprendront...
2. Dès que les enfants sont rentrés de l'école, la maman sert le dîner. / les enfants étaient rentrés... la maman servait... / les enfants seront rentrés... la maman servira...
3. Après que l'orateur a terminé son discours, le public applaudit. / l'orateur avait terminé... le public applaudissait. / l'orateur aura terminé... le public applaudira.
4. Aussitôt qu'elle a appris la nouvelle, elle s'est mise à pleurer. / elle avait appris la nouvelle... elle se mettait à pleurer. / elle aura appris la nouvelle... elle se mettra à pleurer.

VI. Rêves d'avenir

Answers will vary.

VII. Vocabulaire

1. accroche
2. sont disputés
3. épargnées
4. alliance
5. coup de foudre
6. crache
7. n'importe où
8. ponts

VIII. Traduction

1. Ils partiront dans dix minutes.
2. Cela marchera / fera l'affaire.
3. La télévision nous distrait.
4. L'ordinateur posera des questions.
5. Ferez-vous (Feras-tu) mes devoirs?

IX. Projets d'avenir

Answers will vary.

Chapitre 15

Deuxième partie: exercices écrits

III. Dictée

La mère qui a fait couper le bouquet de pins n'était pas très intelligente. Elle a cru qu'elle pourrait empêcher son enfant de rêver et de s'éloigner. Si elle avait pu consulter un psy, il lui aurait dit: «Madame, les enfants ont besoin de rêver d'espace, de liberté. Quand un enfant vous dit: «Maman, je voudrais partir», il faut lui répondre: «Ah, oui, mon chéri? Où voudrais-tu aller? Comment irais-tu? Et que ferais-tu là-bas? Comment vivrais-tu? Que mangerais-tu?» Ainsi l'enfant apprend à exprimer ses rêves et à confronter la réalité.

IV. Compréhension. La sœur jumelle

1. Catherine s'ennuie parce qu'elle est fille unique.
2. Catherine voudrait avoir une sœur jumelle.
3. La sœur jumelle ferait les devoirs et les corvées ménagères à la place de Catherine.
4. Non, personne ne verrait Joséphine, excepté Catherine.
5. Une bonne fée qui passait par là réalise le rêve de Catherine.
6. Non. Joséphine refuse de se lever le matin.
7. Catherine est punie parce qu'elle est en retard, parce que sa chambre n'est pas rangée.
8. Catherine a du chagrin parce que sa sœur fait la coquette avec son petit ami.
9. Si elle avait su, Catherine n'aurait pas inventé une sœur jumelle.
10. La bonne fée fait disparaître Joséphine, et Catherine ne se plaint plus de sa solitude.

Troisième partie: exercices écrits

I. Formes du conditionnel

1. vous entendriez, vous auriez entendu
2. tu irais, tu serais allé(e)
3. nous serions, nous aurions été
4. ils viendraient, ils seraient venus
5. je montrerais, j'aurais montré
6. ils applaudiraient, ils auraient applaudi
7. je ne pourrais pas, je n'aurais pas pu

II. Une société parfaite

pouvais / créerais / travaillerait / produirait / Il y aurait / cultiveraient / fabriqueraient / iraient / achèteraient / pourrait / seraient / nous contenterions / ferais / dirigerais / commanderais

III. Regrets

j'avais su / j'aurais dû / je n'aurais pas eu besoin / j'aurais pu / j'aurais fait / j'aurais vendues / il m'aurait fallu / j'avais choisi / je n'aurais pas eu / ç'aurait été

IV. Reproches

1. aurais dû / n'aurais pas dû / aurais dû
2. devriez / devriez / ne devriez pas

V. Conséquences logiques

1. Si Gabrielle et sa mère avaient eu des amis à Montréal, elles n'auraient pas rendu visite au vieux cousin.
2. Si vous aviez été à la place de Prunelle, auriez-vous dit merci à la femme de ménage?
3. Si Marius avait su que Fanny était enceinte, il l'aurait épousée.
4. Si Daniel avait eu les cheveux longs, il serait allé chez le coiffeur.
5. Si la petite sirène n'était pas tombée amoureuse du prince, elle n'aurait pas souhaité avoir des jambes.

VI. Vocabulaire

1. argot
2. agite
3. jumeaux
4. célibataire
5. conseillé
6. Qu'est-ce que tu fabriques?
7. se battre
8. s'est révolté

VII. Traduction

1. Si nous sortions ce soir?
2. Il ne pouvait pas le faire.
3. Pourriez-vous (Pourrais-tu) fermer la porte s'il vous (te) plaît?
4. Vous devriez manger.
5. Vous auriez (Tu aurais) dû manger.
6. Si j'avais su.
7. Je serais venu.

VIII. L'école buissonnière

Answers will vary.

Chapitre 16

Deuxième partie: exercices écrits

III. Dictée

Jean Marais est un acteur de théâtre et de cinéma. Son chien, Moulouk, a joué avec lui dans des films. Quand le chien est tombé malade, Jean a eu beaucoup de peine. Pendant deux ans il lui a fait des piqûres quand il avait des syncopes. Il avait peur que cela se produise dans le métro. Il a fait construire une maison à la campagne pour que son chien puisse se promener dehors. Mais le chien est mort avant que la maison soit finie. Jean a caché la nouvelle aux reporters de peur qu'on l'interviewe. Il ne veut pas qu'on le trouve ridicule parce qu'il pleure quand il pense à son ami perdu.

IV. Compréhension. La perruche malade

1. Christian a peur que la perruche Sophie soit malade.
2. Parce que c'est le meilleur vétérinaire qu'elle connaisse.
3. Parce que Sophie a plus de dix ans.
4. Non, c'est rare qu'une perruche vive plus de dix ans.
5. Sophie est tombée de son perchoir et elle est morte.
6. Christian suggère qu'ils fassent des funérailles magnifiques à Sophie.
7. Il faut qu'ils l'enterrent dans le jardin.
8. Christian propose qu'ils aillent au marché aux oiseaux et qu'ils achètent un autre oiseau.

Troisième partie: exercices écrits

I. Formes du subjonctif présent et passé

1. que tu viennes, que tu sois venu
2. que vous alliez, que vous soyez allé
3. que nous parlions, que nous ayons parlé
4. qu'il finisse, qu'il ait fini
5. que je puisse, que j'aie pu
6. qu'elle sache, qu'elle ait su
7. que nous voulions, que nous ayons voulu
8. qu'ils prennent, qu'ils aient pris
9. que je fasse, que j'aie fait
10. que tu arrives, que tu sois arrivé
11. qu'elle ait, qu'elle ait eu
12. que nous soyons, que nous ayons été
13. qu'il pleuve, qu'il ait plu
14. que vous choisissiez, que vous ayez choisi
15. qu'ils vendent, qu'ils aient vendu

II. Emploi de l'indicatif ou du subjonctif

1. J'espère qu'il arrivera à l'heure; je doute qu'il arrive...
2. Elle ne veut pas que vous vous couchiez tard; nous pensons que vous vous couchez...
3. Il est probable que ses parents la laisseront vivre seule à 18 ans; il est possible que ses parents la laissent...
4. Le professeur adore que les étudiants fassent des phrases magnifiques; le professeur croit que les étudiants font...
5. C'est dommage que nous ne puissions pas sortir ce soir; c'est évident que nous ne pouvons pas...
6. J'ai l'impression que vous êtes venus à notre soirée par obligation; je suis désolé que vous soyez venus...

III. Emploi du subjonctif passé

1. Il est possible qu'il se soit trompé d'adresse.
2. Je doute qu'elle ait oublié.
3. Attendez que nous ayons terminé.
4. C'est dommage qu'ils aient divorcé.
5. Elle regrette que vous soyez parti sans l'attendre.
6. Le professeur ne croit pas que nous ayons écrit nos rédactions tous seuls.

IV. Le subjonctif avec des conjonctions

1. ait
2. fasse froid
3. ne puissent
4. interviewe
5. voie
6. soit

V. Vocabulaire

1. vous mentez
2. se droguent
3. un terrain
4. renoncer à
5. humeur
6. loge
7. désapprobation
8. j'ai fait une prière
9. humour
10. fait une piqûre

VI. Traduction

1. Que voulez-vous que je fasse?
2. Il faut que j'aille à (dans) ma loge.
3. Où qu'il soit, il s'évanouit.
4. Je suis blessé que vous n'ayez rien dit.
5. Vous ne me prenez (Tu ne me prends) pas au sérieux.

VII. Dans le couloir du métro

Answers will vary.

Chapitre 17

Deuxième partie: exercices écrits

IV. Compréhension. Une bonne leçon

1. Monique demande à sa sœur de lui prêter quelques-unes de ses affaires.
2. Non, Monique n'est pas soigneuse du tout.
3. Le séchoir à cheveux était cassé, la stéréo ne marchait plus.
4. Monique promet à sa sœur qu'elle lui prêtera tout ce qu'elle voudra, sans discussion.
5. Monique a besoin de skis, d'un pull, de bottes, d'un anorak, de gants, d'un appareil-photo, d'une valise.
6. Parce que sa sœur les lui rendra probablement sales ou cassés.
7. Chantal demande à sa sœur de lui prêter sa voiture, qui est pleine de ses affaires.
8. C'est Chantal qui va aller faire du ski.

Troisième partie: exercices écrits

I. Formes de l'adjectif possessif

1. son
2. mes
3. leur
4. notre
5. ton
6. sa
7. ses; sa

II. L'adjectif possessif, l'article et les parties du corps

1. les
1. les
3. sa
4. la
5. les
6. les
7. la
8. le
9. lui / la
10. Ma

III. Le pronom possessif

qu'aux tiennes; les miens; aux miens; des miens; les leurs; le mien; la tienne; la mienne

IV. Vocabulaire

1. remerciements
2. défilent
3. rejoindre
4. aimable
5. reconnaissant
6. antiquaire
7. gâtés
8. amateur
9. la chapelle
10. sans cérémonie

V. Traduction

1. Elle est confuse.
2. Il a perdu la tête.
3. En quoi est la robe de (la) mariée?
4. La mienne est en soie.
5. Peter s'est cassé la jambe.
6. Mes amitiés à votre (ta) famille.
7. Un de mes amis...

VI. Un mariage

Answers will vary.

Chapitre 18

Deuxième partie: exercices écrits

III. Dictée

Ce qui est intéressant, dans l'enfance de Françoise Giroud, c'est la différence entre sa réaction et la réaction qu'a eue sa sœur aux mêmes événements. La sœur de Françoise, qui n'a pas supporté l'humiliation, en est tombée malade. Françoise, que la directrice de l'établissement trouvait insolente et effrontée, essayait d'être première en tout. Les études auxquelles elle rêvait étaient longues et difficiles. Elle ne pouvait pas compter sur sa mère, à la charge de qui elle ne voulait plus être. Ce qui lui restait à faire n'est pas compliqué: trouver un travail, grâce à quoi elle pouvait aider sa famille à vivre. C'est une décision pour laquelle il fallait beaucoup de maturité.

IV. Compréhension. Une bonne nouvelle

1. Parce qu'il a appris qu'elles avaient des ennuis d'argent.
2. Elles vont pouvoir payer leurs dettes.
3. Elles vont pouvoir garder le piano, les bibelots et les tapis qu'elles allaient vendre.
4. Elle hésite entre des études de droit et des études de médecine.
5. Elle croit que son oncle lui a envoyé dix mille dollars.
6. Il a envoyé cent dollars.
7. Elle a vu une virgule là où il y avait un point.
8. Françoise va répondre à l'offre d'emploi qu'elle a lue dans le journal. Elle va devenir sténodactylo.

Troisième partie: exercices écrits

I. Forme des pronoms relatifs

1. J'ai acheté un tableau **qui** a reçu le prix de Rome.
2. Voilà un bon travail **dont** vous pouvez être content.
3. Il a un frère **avec qui (avec lequel)** il ne s'entend pas.
4. Elle boit beaucoup, **ce que** je trouve très déplaisant.
5. J'ai des amis **parmi lesquels** il y a beaucoup d'étrangers.
6. Elle a perdu le livre **que** je lui avais prêté.
7. Ils se sont perdus dans la montagne, **ce qui** aurait pu être sérieux.
8. J'ai vu un bijou **dont** j'ai envie dans un magasin.
9. C'est une plaisanterie **que** je ne trouve pas drôle.
10. Ils ont acheté une maison **derrière laquelle** il y a un grand jardin.

II. Une invitation

1. que, parmi lesquelles, Ce qui
2. dont, qui, que (ce que), ce qui, ce dont
3. qui, qui, dont, qui, ce que

III. Qui est-ce?

1. dont, qui, qui, dont, que: Louis Pasteur
2. dont, lesquels, laquelle, qu', ce qui: Shirley Temple
3. où, qui, lequel, d'où, dont: Gustave Eiffel
4. qui, dont, que, dont, que, qui: Michael Jackson

IV. Pendant/pour

1. pendant
2. pendant (pour)
3. pour (pendant)
4. pendant
5. pendant
6. pour

V. Vocabulaire

1. avons pas les moyens
2. être à la charge
3. se sont endettés
4. faire vivre
5. se nourrissent
6. mettre en pension
7. a du goût
8. supporter

VI. Traduction

1. Le livre dont j'ai besoin.
2. Le livre que je lis.
3. Le livre auquel je pense.
4. Le livre que je cherche.
5. Le livre qui me plaît.
6. Qu'en pensez-vous (penses-tu)?
7. Il a de quoi payer.
8. Le jour où je suis parti(e).

VII. Une flambée

Answers will vary.

Chapitre 19

Deuxième partie: exercices écrits

III. Dictée

En général, si vous n'avez pas de chance, faites attention, quand vous vous levez, de mettre d'abord le pied droit par terre. Si vous renversez du sel, jetez-en une pincée par-dessus votre épaule gauche. Dehors, ne passez pas sous une échelle, et si vous voyez un chat noir, dépêchez-vous de lui tourner le dos. Si vous trouvez un fer à cheval ou un trèfle à quatre feuilles, ça pourra arranger les choses. De toutes façons, un vendredi treize, il est préférable de ne pas sortir de chez vous et de rester au lit toute la journée.

IV. Compréhension. Une bonne action

1. Elles vont chez les Giroud.
2. Parce qu'ils ont eu des difficultés financières, des dettes.
3. Elles achètent une lampe, des petites cuillères, des bibelots, des tapis, un aspirateur.
4. Elles remarquent une petite boîte en cuir rouge.
5. Le prix marqué est cent francs, et elle vaut une fortune.

6. Parce que la miniature sur le dessus a été peinte par Boucher.
7. Il donnera aux Giroud suffisamment d'argent pour payer leurs dettes.
8. Elles vont avoir la satisfaction de faire une bonne action.

Troisième partie: exercices écrits

I. Adjectifs démonstratifs

1. cette
2. ce
3. ces
4. ce
5. cette
6. cette
7. ce
8. cette
9. cet
10. ces

II. Pronoms démonstratifs

1. celui-ci ou celui-là?
2. celle-ci ou celle-là?
3. celle-ci ou celle-là?
4. celles-ci ou celles-là?
5. ceux-ci ou ceux-là?
6. celui-ci ou celui-là?
7. ceux-ci ou ceux-là?
8. celui-ci ou celui-là?
9. celle-ci ou celle-là?
10. ceux-ci ou ceux-là?

III. Ce, cela, il est, elle est

1. cela
2. il
3. c'
4. elle
5. c'
6. c'
7. ce
8. c'
9. cela (ça)
10. il
11. cela (ça)
12. elle

IV. Une valise bien pleine

Marie-Line: celui-ci, celui
Barbara: celui-ci
Marie-Line: ceux
Marie-Line: celles-ci, celles-là; Ceux-ci
Barbara: celui-ci, celui-là
Marie-Line: Celui
Barbara: Celles; Celles-ci
Marie-Line: Celles, celles
Marie-Line: ce sac-ci, celui-là, cette écharpe-ci, celle-là, cette ceinture-ci, celle-là
Barbara: ce

V. Vocabulaire

1. porte-bonheur
2. malchance
3. miaule
4. Il faut fêter
5. atterrit
6. la poêle
7. inoffensif
8. un bon présage
9. tache
10. mauvais sort

VI. Traduction

1. J'ai pris mes cassettes et celles de Mary.
2. Je n'ai pas de papier sous la main.
3. Vous me manquez. Est-ce que je vous manque? (Tu me manques. Est-ce que je te manque?)
4. Trouver un trèfle à quatre feuilles porte bonheur.
5. Il a attrapé six crêpes à la suite. Quelle chance!

VII. A la librairie

Answers will vary.

Chapitre 20

Deuxième partie: exercices écrits

IV. Compréhension. La partie de pétanque

1. Parce qu'en général, c'est joli à regarder.
2. Il va lui montrer comment jouer à la pétanque.
3. Ils vont jouer dans les allées.
4. On lance d'abord la petite boule jaune, le «petit».
5. On essaie de placer la boule de métal aussi près du petit que possible.
6. Parce qu'il est très adroit.
7. C'est lancer la boule très fort pour déplacer celle de l'adversaire.
8. Il casse un pot de fleurs.
9. Parce qu'aux Etats-Unis, on peut jouer sur les pelouses et on peut faire du bowling sans rien casser.

Troisième partie: exercices écrits

I. Style indirect

1. Elle avoue qu'elle a mal dormi la veille.
2. Le marchand assure que le poulet sera bien tendre.
3. Elle jure qu'elle a payé la note d'électricité la semaine précédente.
4. Le directeur lui demande de ne pas téléphoner si souvent.
5. Vous suggérez que nous allions au cinéma ce soir.

II. Le discours indirect

1. Elle demande ce que vous faites. Il a demandé ce que vous faisiez.
2. Elle demande ce qui se passe. Il a demandé ce qui se passait.
3. Elle demande si vous avez de la monnaie. Il a demandé si vous aviez de la monnaie.
4. Elle demande s'ils ont eu vraiment peur. Il a demandé s'ils avaient eu vraiment peur.

5. Elle demande qui viendra à votre soirée. Il a demandé qui viendrait à votre soirée.
6. Elle demande quelle heure il est. Il a demandé quelle heure il était.
7. Elle demande comment vous allez. Il a demandé comment vous alliez.
8. Elle demande ce que vous dites. Il a demandé ce que vous disiez.

III. Si + futur

1. Le vétérinaire me demande si je pourrai travailler 40 heures par semaine.
2. ... si je supporterai l'odeur des désinfectants.
3. ... si je serai sensible à la douleur des animaux.
4. ... si je me sentirai mal quand je verrai un animal blessé.
5. ... si j'aurai peur d'être mordu ou griffé.

IV. Trouvez votre chemin

Answers will vary.

V. Vocabulaire

1. crie après
2. potager
3. rigolo
4. station-service
5. une route en terre
6. des embouteillages
7. pancarte
8. tout droit
9. tarder
10. vos indications

VI. Traduction

1. Ils disent que Corentin est très gentil.
2. C'est tout droit.
3. Ma réponse est oui.
4. Il fait semblant de savoir où il va.
5. Le rôti était rigolo.
6. Amusez-vous bien et soyez sages! (Amuse-toi bien et sois sage!)

VII. Une maison de campagne

Answers will vary.

Chapitre 21

Deuxième partie: exercices écrits

III. Dictée

Romana vivait dans un palais magnifique. Son père était un sorcier, chargé de la généalogie royale. Un jour il a été destitué de ses fonctions. La famille a été dispersée. Romana a été vendue par des négriers et emmenée au fort de Gorée. A treize ans à peine, elle a été séparée de ses parents, arrachée à une vie douillette. Dans sa prison elle ne cessait de pleurer et souhaitait mourir, quand un jour un homme est apparu. C'était Naba. Il l'a accompagnée au Brésil et a été vendu comme elle.

IV. Compréhension. Une leçon d'histoire

1. Ils viennent d'un village d'Afrique centrale.
2. Ils vivaient heureux. Ils chassaient, ils pêchaient, ils élevaient des vaches et des chèvres.
3. Ils ont été capturés par des négriers.
4. Pour qu'ils ne s'échappent pas.
5. Ils ont été embarqués sur des bateaux pour aller en Amérique du Nord.
6. Le voyage s'est effectué dans des conditions très dures, effroyables.
7. Ils ont été vendus à des propriétaires de plantations.
8. Ils ont dû travailler dans les champs de coton.
9. La guerre de Sécession et des années de luttes pour supprimer la ségrégation.

Troisième partie: exercices écrits

I. Formes du verbe passif

1. il était fait
2. elle est interdite
3. nous serons vaincus
4. vous serez élu
5. tu as été convoqué
6. ils sont méprisés

II. Le complément d'agent

1. Ce repas a été préparé par le meilleur cuisinier de France.
2. Cette loi sera adoptée par le Parlement.
3. Sa dissertation a été écrite par un de ses amis.
4. Tous les soirs, le magasin était fermé par le directeur.

III. Par / de

1. par
2. de
3. par
4. de
5. de
6. par
7. de

IV. Un accident

1. Hier un accident s'est produit.
2. Une petite voiture a été heurtée par un gros camion.
3. La voiture a été démolie.
4. Trois personnes ont été grièvement blessées.
5. On a appelé une ambulance. / Une ambulance a été appelée.
6. Les blessés ont été transportés à l'hôpital.
7. Ils ont été examinés par un docteur.

8. Le chauffeur du camion a été interrogé par la police.
9. Il était désolé; il était ivre; il a été arrêté.
10. Le permis de conduire lui a été retiré.
11. Il n'a pas été mis en prison.
12. L'assurance a été prévenue.
13. Les frais d'hôpital ont été payés par la compagnie.

V. Vocabulaire

1. sourd, aveugle
2. commerçants
3. dévisager
4. à l'épaule
5. est tombé à genoux
6. l'estrade
7. douillet
8. enveloppé

VI. Traduction

1. On m'a dit.
2. Ça ne se fait pas.
3. J'ai entendu dire qu'elle a eu un accident.
4. C'est la raison pour laquelle. (C'est pourquoi elle est à l'hôpital.)
5. C'est interdit.
6. On m'interdit de fumer.

VII. Au village africain

Answers will vary.

Chapitre 22

Deuxième partie: exercices écrits

III. Dictée

Les premiers navigateurs terrestres vécurent une aventure qui ressemble beaucoup à celle des astronautes modernes et qui était presqu'aussi dangereuse. En s'embarquant sur des bateaux équipés d'instruments primitifs, les explorateurs prenaient des risques énormes. Affrontant les tempêtes et l'inconnu, ils trouvaient parfois la mort avant d'avoir découvert le nouveau monde qu'ils cherchaient. D'autres fois, ayant atterri sur une terre hostile, ils rencontraient des sauvages, qui ne les accueillaient pas toujours avec des gambades de joie. Ils finissaient dans la marmite du village. De nos jours, la technologie moderne ayant tout prévu, les astronautes bénéficient d'une certaine sécurité. Une erreur humaine étant toujours possible, il peut y avoir des accidents de parcours, mais dans l'ensemble, l'image de l'astronaute attaché à son siège dans une fusée contrôlée par des robots est plutôt rassurante. Si vous aviez le choix, auriez-vous mieux aimé accompagner Christophe Colomb ou Neil Armstrong?

Troisième partie: exercices écrits

I. Formes

1. changeant, changé, ayant changé, étant changé, ayant été changé, en changeant
2. atterissant, atterri, ayant atterri, étant atterri, ayant été atterri, en atterrissant
3. prenant, pris, ayant pris, étant pris, ayant été pris, en prenant
4. ouvrant, ouvert, ayant ouvert, étant ouvert, ayant été ouvert, en ouvrant
5. mettant, mis, ayant mis, étant mis, ayant été mis, en mettant
6. entendant, entendu, ayant entendu, étant entendu, ayant été entendu, en entendant
7. s'accroupissant, accroupi, s'étant accroupi, en s'accroupissant
   (Les verbes pronominaux n'ont pas de participes passifs.)

II. Participe ou gérondif?

1. N'ayant plus de provisions
2. Ayant terminé son exploration
3. En marchant dans la jungle
4. Sitôt mes examens terminés
5. En regardant tout le monde d'un air furieux
6. En lisant un livre de science-fiction
7. en conduisant
8. en pensant à autre chose

III. Participe, gérondif ou infinitif?

rire / étant condamné / souper / en passant / tournant / en passant / lorgnant / plaisante

IV. Vocabulaire

1. grisé
2. un mutant
3. falaise
4. machine à explorer le temps
5. rayonnent
6. la pesanteur
7. hublot
8. éprouve le besoin

V. Traduction

1. Ne parle (parlez) pas en mangeant!
2. J'aime me promener (marcher) dans la forêt.
3. Elle était debout sur une chaise.
4. Cette androïde mange n'importe quoi.
5. Je me mets au régime.

VI. Rencontre

Answers will vary.

Chapitre 23

Troisième partie: exercices écrits

I. Le temps

1. Téléphone à ce bureau jusqu'à ce que tu aies une réponse.
2. Comme Prévert se promenait rue de Siam, il a rencontré Barbara.
3. A mesure que l'avion s'élève dans le ciel, les maisons deviennent toutes petites.
4. A peine étions-nous rentrés à la maison qu'un orage violent a éclaté. Nous étions à peine rentrés à la maison qu'un orage violent a éclaté.
5. Une fois que j'aurai terminé ce travail, je dirai: ouf!

II. Concordance des temps

1. Dès que les vacances ont commencé, les enfants s'ennuient.
2. Dès que les vacances auront commencé, les enfants s'ennuieront.
3. Dès que les vacances avaient commencé, les enfants s'ennuyaient.

III. La condition

1. à condition qu'
2. Si
3. à moins qu'
4. pourvu que
5. au cas où

IV. La conséquence et le but

1. aussi
2. de sorte que
3. donc
4. de peur que
5. pour
6. en vue de

V. La cause et la conséquence

1. tellement
2. à force d'
3. pour
4. si affectées qu'
5. parce qu'
6. tant d'endurance qu'
7. si bien qu'
8. à cause de

VI. L'opposition

1. quel que soit
2. Bien que
3. Où que
4. quoique
5. quand même
6. Malgré

VII. Traduction

1. Avant qu'il comprenne
2. Jusqu'à ce qu'il vienne
3. Après qu'il a compris
4. Pas avant qu'il (ne) fasse
5. Pourvu qu'il ne pleuve pas
6. A moins que vous (ne) disiez [tu (ne) dises]
7. Au cas où ils (elles) oublieraient
8. Bien qu'il soit grand (Quelque grand qu'il soit) (Tout grand qu'il soit)
9. Comme (A mesure qu') il grandissait
10. Aussi longtemps que je vivrai
11. De peur qu'ils meurent
12. Maintenant que vous êtes (tu es) ici
13. Parce que j'étais en retard
14. A cause de sa maladie